더 나은 공동체를 위한

배려

글 이병욱 그림 안성옥

도서출판 대학서림

들어가는 말

열악한 환경 속에서도 늘 긍정적으로 살면서 어려운 이웃과 공동체를 배려하는 삶을 살아 갈 수 있도록 이끌어 주신 분들께 감사드린다. 또한 '더 나은 공동체를 위한 배려'라는 제목으로 수필집을 낼 수 있도록 계기를 마련해 준 분들께도 감사드린다.

우선 다양한 조직과 공동체에서 많은 경험과 지혜를 얻을 기회를 주신 분들께 감사드린다. 그리고 공동체 안에서 언제나 한결같이 신뢰하고 응원하며 함께 해 주신 동료와 사랑하는 가족 모두에게 감사드린다. 특히 주제에 어울리는 삽화를 그려 주고 편집을 도와 준 아내 안성옥 화가와 아우 이세욱 작가 그리고 산책길에 동행하며 솔직한 평을 해 준 친구들과 지인들께 깊이 감사를 드린다.

살아오면서 힘들게 하고 세상 속 욕심을 내려놓을 수 있게 만들어 준 분들께도 감사드린다. 비우면 비울수록 더 자유로워지는 지혜를 체득하게 해 주었다.

지난날 어려운 이웃과 함께 봉사하면서 동고동락했던 분들과 사사건건 간섭하며 힘들게 했던 분들께도 감사드린다. 여러 면에서 부족한 점이 많은 일꾼을 물심양면으로 도와 주신 분들은 물론 자신들 보다 더 잘나간다고 질시하며 견제를 해 준 분들께도 감사드린다. 경쟁자가 최고의 스승임을 일깨워 준 동기생들께도 감사드린다. 여러분의 격려와 자극 덕분에 열심히 노력하고 보다 더 겸손하며 사려 깊은 신앙인으로 거듭날 수 있었다.

어떠한 환난과 위기상황 속에서도 이를 극복할 지혜와 용기를 주시고 언제나 기뻐하며 기도하고 감사하는 마음으로 살아갈 수 있도록 은총을 베풀어 주신 하느님께 감사와 찬미를 드린다. 또한 시련과 고통 중에 있을 때나 외롭고 두려워할 때도 함께 곁에 있어 주고 용기를 북돋워 주며 기도해 주신 류덕희 회장님을 비롯한 한국평협 고문단과 모든 신앙인들께도 깊이 감사를 드린다. 감사를 드려야 할 분들이 너무 많아 일일이 거명하지 못해 송구한 마음이다. 살아오면서 돌아보니 그저 모든 분들에게 신세만 지고 살고 있다는 사실을 새삼 깨닫게 되었다.

아무쪼록 본서가 보다 나은 사회와 공동체의 건설과 독자 여러분의 배려하는 삶, 사랑하는 삶을 살아가는데 도움이 되기를 희망한다.

끝으로 출판사 윤진영회장님과 책 출간을 위해 힘써 주신 임직원들께 감사드린다.

감사합니다.

더 나은 공동체를 위한

배려

들어가는 말

1. 오직 참는 것이 배려인가 • 11

2. 맨 앞자리와 끝자리 • 14

3. 당연하게 여기는 마음 • 18

4. '갑질'보다 무서워진 '을질' • 23

5. 가라지와 밀의 비유는 누구를 위한 배려인가? • 27

6. 임종을 앞둔 배우자에 대한 배려의 한마디 • 30

7. 집안의 전통 만들기 • 34

8. 아내의 안식월 • 38

9. 원수를 왜 사랑하는가 • 41

10. 지나침과 배려 • 44

11. 설명과 변명 • 47

12. 산책길 동행 • 51

13. 비움과 배려 • 54

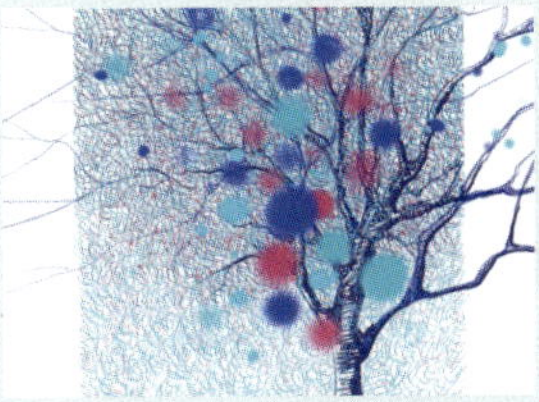

14. 결혼식에 늦은 혼주 • 58

15. 요양병원에 계신 아버지 • 61

16. 기도와 배려 • 64

17. 기다림과 배려 • 68

18. 청빈(淸貧)과 청부(淸富) • 71

19. 고객과 동물을 배려하는 동물원 • 80

20. 비밀 헌금 속에 숨어있는 배려 • 85

21. 자녀에 대한 배려 • 88

22. 엘리베이터 스피치와 배려 • 93

23. 공짜 점심과 배려 • 96

24. 꿈과 희망을 주는 사회 • 100

25. 공동체 살리기 • 105

26. 횡단보도 옆 그늘막 • 110

27. 서울역의 변신 • 113
28. 인도 없는 지방도로와 배려 • 116
29. 사회적 약자를 배려하는 유니버설 디자인 • 121
30. 배려와 행정편의주의 • 125
31. 사회적 약자를 위한 정책 개선운동 • 131
32. 투명성과 비밀유지 • 134
33. 예고제에 담긴 배려 • 138
34. 선택과 집중 • 142
35. 국민을 배려하는 대통령 • 145
36. 국민을 배려하는 규제와 정책 • 148
37. 언행일치 • 154
38. 도덕적 해이 방지 • 160
39. 투명성과 배려 • 164

40. 지구와 자연의 보호 • 168

41. 지속가능성과 배려 • 175

42. 소음 공해와 배려 • 184

43. 빛 공해와 배려 • 188

44. 배려하는 지도자 • 191

45. 고독사 예방 운동 • 195

46. 프레임 공격 • 199

47. 약속시간과 약속장소 • 203

48. 악마의 변호사(Devil's Advocate) • 207

49. 상대 평가와 절대 평가 • 210

50. 노블리스 오블리주 • 214

51. 전임자와 후임자 간 상호 배려 • 219

1. 오직 참는 것이 배려인가

특별한 약속이 없는 한 새벽 산책을 하며 묵상을 한다. 어느 여름날 아침 집을 나와 1시간쯤 걸었을 때 갑자기 소나기가 쏟아지기 시작했다. 비도 피할 겸 근처 지하철역으로 들어갔다. 금방 그칠 비가 아닌것 같아 지하철을 타고 귀가하려고 전동차 출입문 앞으로 내려갔다. 지하철 전동차 출입문의 뒤편 벽 게시판에 번역 서적을 홍보하는듯한 포스터가 부착되어 있었다. 오직 참을 뿐(Tolerance)이란 제목의 짧은 영문 문장을 우리말로 번역한 것이다. 가짜뉴스와 진영논리 싸움으로 어지러운 21세기 한국적 상황에서 가슴에 새기면 좋을 것 같았다. 그날은 '오직 참을 뿐'을 묵상 주제로 삼아 산책을 즐겼다.

오직 참을 뿐 (Tolerance)

만일 말로써 옳고 그름을 가리려 한다면

한평생을 싸워도 끝나지 않는다.

(Words can never end an argument

over right and wrong.)

오직 참는 것 만이 진실로 언쟁을 끝낼 수 있다.

(Tolerance can truely end the argument.)

지난날 살아 오면서 크고 작은 이슈들 때문에 주변 사람들과 서로 옳다며 논쟁을 하던 일이 생각난다. 상대가 잘못 알고 있다며 다투던 기억도 있다. 누가 옳고 그른 것이 중요한 것이 아닌데도 상대에게 지지 않으려고 애썼던 부끄러운 기억인 것이다. 인터넷이 발달한 오늘날에는 과거만큼 팩트와 관련한 논쟁은 거의 사라진 것 같다. 어떠한 사실과 관련하여 의견이 다르면 금방 스마트폰으로 팩트를 확인해 보면 어느 쪽이 맞는지 금방 알 수 있기 때문이다. 하지만 정치 문제나 이념과 관련한 논쟁의 경우에는 누가 올바른지 그른지를 식별하기가 쉽지 않다. 서로 판단의 잣대가 다르기 때문이다. 특히 정치문제에 관해서는 진영 논리에 빠져 고정관념을 갖고 바라보기 때문에 아무리 팩트에 입각한 올바른 소리를 해도 반대진영에 속한 사람들은 경청하려 들지도 않는다. 이러한 정치현실에서는 '오직 참을 뿐'이란 한마디가 정치적 논쟁을 잠재울 수 있는 참 지혜라는 생각이 든다.

참는 것과 경청은 함께 해야 한다. 진영논리를 넘어서야 하는 한국적 현실에서는 즉흥적이고 감정적인 반응을 피하고 팩트에 입각해 편견과 선입견 없이 대화하고 상호 경청하는 자리와 자세가 필요하다. 경청이 소모적인 논쟁을 줄이는데 기여할 것으로 생각하지만 한국적 현실에서 쉽지 않을 것 같다. 빨리 빨리 문화속에서 성질이 급한 기성세대가, 경청하는 방법을 배운다 할지라도 경청을 생활화하는 것은 또 다른 문제이다. 반복적인 훈련을 통해 경청을 습관화한다면 우리사회의 품격은 한층 높아질 것이다.

참는 것은 공동체를 배려하는 것이고, 경청하는 것은 상대방과 자신을 배려하는 것이다.

2. 맨 앞자리와 끝자리

누구나 회의장이나 강연장 그리고 연회장이나 각종 식사 모임에 참석할 때 어느 자리에 가서 앉아야 할지 고민하게 된다. 특히 윗사람이나 어르신들과 함께 하는 모임인 경우에는 어느 자리에 앉아야 하는지 더욱 망설이게 될 것이다 그래서 지혜로운 이들은 어르신들이 오셔서 자리를 잡을 때까지 서서 기다리며 미리 오신 분들과 담소하게 된다. 어르신들이 자리에 좌정한 때도 어르신과 어느 정도 거리를 두고 앉아야 하는지도 생각하게 된다.

많은 손님이 참가하는 모임에는 빈자리를 찾아가 자연스럽게 앉으면 될 것이다. 하지만 정기적으로 모이는 모임이나 예식에 참가하는 경우라면 자리를 잡을 때도 조금은 조심하는 게 좋다. 사람들은 본인이 앉던 자리만 앉으려는 속성이 있다. 그래서 본인이 앉던 자리에 다른 사람이 앉아 있으면 불쾌하게 생각하기도 하고 심지어는 화를 내는 이들도 적지 않다. 강연회나 연회에서 지정석이나 예약석을 준비하는 것은 참가자 모두를 배려하는 방편의 하나이다.

잔치에 초대받거든 맨 앞자리에 앉지 말고 끝자리에 앉으라는 권고가 성경 말씀에 있다. 이는 우리가 잔치에서 창피당하는 것을 미연에 방지하고 귀한 손님을 초대한 주인을 배려하라는 의미를 담고 있다. 맨 앞 주빈석에 앉아 있는데 우리보다 더 귀한 손님이 뒤늦게 온 경우, 주인이 우리에게 와서 자리를 비워 달라고 하면 우리뿐만 아니라 주인과 주빈도 모두 당혹스럽고 미안하기는 마찬가지이다. 다행히 한국 사람들은 타고난 겸손함과 남을 배려하는 성격 때문에 맨 앞자리를 양보하는 것은 물론 뒷자리에 앉기를 선호한다. 하지만 강연회나 예식에 참석할 때에 지정적이나 예약석이 아니라면 가급적 앞자리에 좌정하는 것이 좋다. 강연하는 연사 입장에서는 앞자리에서 강연을 듣고 질의하며 호응해 주는 참가자들을 고맙게 생각하며 자신을 배려한 것으로 생각한다. 우리가 각종 모임에서 어느 자리에 앉을까를 생각하는 것도 남을 배려하는 것이다.

가장 참가하기 부담스럽고 민감한 모임이나 회의는 국회의원이나 시의원 등 정치인들이 참가하는 모임이라고 생각한다. 세미나나 회의를 하면 정치인들은 맨 앞자리에 앉는 것은 당연한 것으로 여긴다. 정치인이 몇 사람이나 참석할지를 가늠할 수 없다. 회의시간에 맞추어 참석하는 정치인은 많지 않다. 정치인들은 회의에 참석하면 모두 한마디씩 인사를 하려 한다. 인사할 기회를 주지 않으면 난리가 난다. 실제로 발언할 기회를 주지 않아 회의 주최측이 봉변을 당하는 사례도 적지 않다. 국회에서 세미나나 회의를 하면 아예 1부는 정치인들 인사와 사진 촬영으로 끝내는 경우가 많다. 방청석에서 이 장면을 지켜보는 국민들은 불쾌감을 느끼거나 체념한다. 입법이나 정책제안을 하는 회의인데 주제발표나 토론내용을 끝까지 경청하고 자신의 의견을 제시하는 정치인은 거의 본 적이 없다.

국민을 진정으로 배려하는 정치인이 거의 보이질 않는다.

차를 얻어 타거나 태워다 줄 때도 어느 자리에 앉을까 신경을 써야 한다. 운전자가 윗사람이면 운전석 옆자리부터 앉는 것이 운전자를 배려하는 것이다. 요즘 젊은이들이 소홀히 하기 쉬운 것 중의 하나가 배려심이다. 회의, 강연회나 예식 등 각종 모임에 20분 전에 미리 가서 모임을 준비하는 분들과 인사하고 격려하며 미리 오신 분들과 환담하는 것도 그들을 배려하는 것이자 우리가 모임에 주도적으로 참여하는 것이다. 이러한 배려하는 마음이 좋은 열매를 맺게 하고 모임을 축제로 만드는 것이다. 모임 자리는 호스트가 아닌 한 가급적 모임장소에 들어 오는 분들과 인사를 나누며 분위기를 익히는 것이 겸손이고 배려라 생각한다

3. 당연하게 여기는 마음

한 세상을 살면서 가장 많이 상처를 주고받는 일은 어디에서 생기는 것일까? 그것은 아마도 '당연하게 여기는 마음'이 아닐까 생각한다.

나이가 들면 들수록
배움이 많으면 많을수록
높은 지위에 오르면 오를수록
종교 생활을 하면 할수록
봉사 활동을 하면 할수록
당연하게 여기려는 마음이 생기기 쉽다.

혼밥을 싫어하고 주변 사람들과 함께 식사하는 것

을 즐기는 습관이 있다. 식사 대접하기를 좋아하는 편이라서 "남들에게 밥을 사주는 사람이 되게 해 달라"고 기도를 한다. 하지만 언제부터인가 "밥은 당연히 윗사람이 사는 거야" 하는 일부 구성원들의 당연시하는 마음을 알게 되면서, 이런 생각을 하는 사람들에게는 식사 대접하는 것은 자제해야겠다는 마음이 들기도 한다. 다행이 요즘 젊은이들은 더치페이 문화에 익숙하고 남에게 신세를 지면 되갚으려 한다. 세태가 변화하고 있는 것은 사실이지만 상하 관계에서나 부자들에 대해서는, 그들이 식사 값 내는 것을 당연시하는 문화는 여전하다.

동방예의지국에서 자란 우리는 인간관계에 있어서 당연시해야 하는 것들이 주변에 많다. 아랫사람은 윗사람을 공경해야 한다. 자식은 부모를 공경하고 섬겨야 한다. 부모는 자식을 사랑해야 한다. 부부간에는 서로 존중하고 사랑해야 한다. 형제간에는 사이좋게 지내야 한다. 친구 간에는 신의를 지켜야 한다. 하지만 친숙한 사이일수록 당연한 것으로 여기는 마음이 크면, 상대방에게 예의를 차려 대하지 않거나 소홀히

하기 쉽다. 부모는 자식에게 대학 등록금은 물론 신혼집도 당연히 마련해 주어야 한다고 생각한다면 소수의 부자들을 제외하고는 부모와 자식 모두 큰 상처를 받을 것이다. 세상에 당연한 것은 없다. 인간관계에서 당연한 것으로 여기는 사람에게는 가까이 다가갈 사람이 없다. 함께하는 것만으로도 감사할 줄 아는 사람이어야 주변에 사람이 모이고 배려하는 공동체를 이끌어 갈 수 있다.

봉사 활동과 관련해서도 남의 도움을 오랫동안 받으며 살아가는 이들의 당연시 하는 언행 때문에 많은 봉사자들이 상처를 받는 것을 보게 된다. 모임에 늦거나 자주 회합에 빠진다고 불쾌해하며 동료와 다투는 것은 당연하게 여기는 마음이 크기 때문이라고 생각한다. 봉사 단체에서 매번 성실히 회합과 봉사 활동에 참여하는 분들에게는 당연히 감사한 마음을 가져야 한다. 아울러 어쩌다 한번 참여하는 분들에게도 감사하는 마음을 잊지 않아야 한다. 없는 시간을 쪼개 봉사하는 분들도 많다. 시간이 많은 자신의 잣대로 다른 봉사자들도 당연히 늘 회합과 봉사 활동에 참여해야 하는 것으로 알고, 그러하지 못하는 이들을 비방하거나 상처를 주는 봉사자도 있다. 실제 평소에 존경하는 지인을 함부로 비난하는 봉사자에게, 그분이 어떠한 사람인지 설명하고 그가 자주 모임에 함께 하지 못하는 것에 대해 넓은 마음으로 이해해 달라고 말한 적이 있다. 봉사 단체에서 당연시 하는 언행은 금물이다. 당연시 하는 마음은 자신은 물론 상대에게도 상처를 준다. 자신의 기대에 못 미치거나 대우를 받지 못하면 서운하게 생각하고 그 감정을 표출하는 순간, 논쟁과 싸움으로 번지기도 한다

세상도 변했다. 서구식으로 윗사람과 아랫사람은 대등한 동료 관계라고 생각하는 이들이 많아졌다. 공동체 내에서의 구성원 간 호칭도 변했다. 가족관계도 변했다. 남녀차별도 사라졌다. 부모와 자식 사이도 예전만 못하다. 형제지간도 이웃사촌만 못하다.

기존에 당연시 여겼던 것들이 느슨해지고 있다. 기성세대가 만들고 중시해 온 가치와 윤리, 관습이 더 이상 당연한 것이 아니다. 젊은이들도 부모세대에 대한 기대와 당연시하는 마음을 줄이고 자립심을 키워

야 한다. 우리 주변에서 일어나는 갈등과 다툼을 줄이고 마음의 평화를 얻는 길은 매사에 당연하게 여기는 마음을 없애고 모든 것에 감사하는 것이다. 그것이 모든이에 대한 배려이고 공동체가 사는 길이다. 기성세대도 그저 관심을 보여 주고 함께 하는 것 만으로도 고마워하며 여생을 즐기면 될 것 같다. 그것이 세상에 대한 배려가 아닐까 한다. 지난 3년간 코로나 감염병 사태는 우리 인류가 당연시해 왔던 평범한 일상이 당연한 것이 아니라 언제나 감사한 마음으로 소중히 여기며 살아가야 함을 일깨워 준다.

4. '갑질'보다 무서워진 '을질'

갑과 을이 공개적으로 싸우게 되면 어느 쪽이 더 많이 잃을까. 싸움이나 게임은 잃을 것이 많은 쪽이 지게 되는 경우가 많다. 하룻강아지가 범에게 달려들면 범은 하룻강아지가 대드는 것을 무시해 버린다. 체면을 중시하는 인간은 더욱 그렇다. 싸워서 이겨 봐야 본전인데 굳이 갑이 상대도 안 되는 을에게 맞서 싸울 이유가 없기 때문이다. 하지만 갑의 이러한 약점을 이용해 갑을 의도적으로 공격하는 을도 있다. 특히 을이 개인적으로는 물론, 집단적으로 공격하는 경우가 많아졌다. 소셜미디어의 발달과 약자에 대한 보호 입법 강화를 기회삼아 의도적으로 자신들의 이익을 위해 갑을 비난하거나 공격하는 사례가 많아 졌다. 가짜뉴스나 음해 등으로 인터넷이나 SNS 등을 통해 공격하는 경우 갑이 입게 되는 고통이나 상처는 치유가 쉽지 않다. 그래서 요즘 사회 지도층들은 사회적 약자라고 자칭하는 이들을 대할 때 매우 조심하거나 아예 무대응하는 경향을 보이고 있다. 하지만 사회 지도층 인사들의 위축된 언행은 국가나 사회 발전을 위해 바람직하지 않다.

한 NGO단체의 한국 회장 선거가 끝나고 축하 미사를 봉헌하는 중에, 동 단체의 지도 사제가 미사 강론 때 "을이 갑보다 더한 을질을 하는 경우도 있는 것 같다"고 말하면서 갑만큼이나 을도 상대를 배려하는 마음을 가져야 한다고 강조한 적이 있다. 그 사제는 선거 당일 투표 참관을 위해 부산에서 서울로 일찍 올라 와서 시내 천주교 성지를 돌아 본 후, 근처에 있는 성당에 들러 묵상을 하고 있었다. 묵상하는 중에 성전 안으로 청소하는 직원이 들어와, 청소해야 하니 밖으로 나가라고 소리를 치더라는 것이다. 사제 입장에서 청소하는 직원과 싸울 수 없어서 한참을 바라보다가 아무 말도 하지 않고 밖으로 나왔다. 그뒤 회장 선거를 참관한 후 미사를 집전하게 되었는데, 그때까지도 청소하는 직원의 화내는 모습이 뇌리에서 떠나질 않더란다. 그래서 강론 주제로 신자들을 배려해야 하는 직원도 갑질을 할 수 있구나 하는 생각과 함께 어려운 이웃을 위해 봉사하는 분들도 대상자들로부터도 많은 상처를 받을 수 있겠구나! 하는 생각을 하였다고 소회를 들려준 적이 있다. 공동체 구성원들의 배려심없는 언행으로 인해 선의의 많은 봉사자와 지도자들이 상처를 받고 봉사 단체나 교회를 떠날 수도 있겠구나! 하는 생각을 하였다는 것이다. 실제 25년간 어려운 이웃을 위한 봉사 활동을 해 오던 동료들이 많은 상처를 받고 봉사 활동을 포기한 사례가 적지 않았다. 오늘날 갑질에 대해서는 법적으로 강도 높게 규제를 하는데 반해, 을질에 대해서는 규제하는 장치가 거의 없다. 공동체 구성원을 섬겨야 하는 을의 을질을 규제하는 방법은 교육과 조직 자체의 규율뿐인 현실이 안타깝다.

기업의 경영자들은 노사관계에 있어서 자신들이 을이고 노동조합이 갑이라고 뼈있는 농담을 한다. 법적으로는 고용주인 경영자가 갑이고 피고용자인 근로

자가 을이지만, 노사관계에 있어서는 노동조합의 힘이 더 세게 느껴지는 것이 현실이다. 기업의 구성원인 노동조합과 사용자는 서로 Win-Win하는 상생관계이어야 한다. 하지만 사업현장의 현실은 전혀 다르다. 을인 노동조합이 갑처럼 말과 행동을 한다. 노사협상에서 유리한 고지를 점하려는 의도는 알지만, 어느 처지에서든 노사는 서로 배려하며 대화와 협상을 해야 더 좋은 열매를 맺을 수 있다.

국가 공동체에서 공직자들은 갑인가 을인가. 당연히 국민이 갑이고 공직자는 을이어야 하는 것 아닌가. 하지만 현실은 공직자가 갑이고 국민이 을로 비춰지는 경우가 많다. 공직 세계의 직업윤리의식이 약해지면서 공무원의 갑질 문화가 상존하고 있는 것 같아 안타깝다. 국가·사회와 가족 등 모든 공동체의 구성원은 한 형제이고 운명 공동체이며 공생의 관계가 되어야 한다. 이러한 공동체에서는 갑질이나 을질이라는 말 자체가 사라져야 하는 것이다.

5. 가라지와 밀의 비유는 누구를 위한 배려인가?

성경 마태오복음 13장 속에는, 좋은 씨앗을 뿌렸는데 가라지가 자라고 있어서 종이 주인에게 이 가라지를 언제 뽑는게 좋을지 묻는 장면이 있다. 주인은 종에게 가라지를 수확(종말)때까지 밀과 함께 자라도록 내버려 두라고 한다.

주인은 수확 때에 일꾼들에게 먼저 가라지를 단으로 묶어 태어 버리고 밀은 내 곳간으로 모아들이라고 하겠다고 말한다. 가라지를 거두어 내다가 밀(선하고 죄없는 자)까지 함께 뽑을지도 모르기 때문이다.

가라지와 밀의 비유를 생각할 때 마다 나 자신은 과연 밀같은 사람인지, 아니면 가라지같은 사람인지 생각하게 된다. 지금은 밀과 같은 인간이지만 임종때까지 밀같은 인간으로 살아 갈 수 있을지, 아니면 중도에 가라지와 같은 인간으로 타락하는 것은 아닐지 생각해 보곤 한다. 우리 사회는 젊어서는 착하고 바르게 잘 살던 사람들이 나이가 들어 출세도 하고 높은 자리에 오르면, 오만방자해지고 사악한 사람으로 바뀌는 경우가 있다. 지인 중에도 그런 부류의 사람이 있다. 정치권 인사나 졸부들 가운데 유난히 밀과 같은 삶을 살던 사람이 가라지같은 인간으로 바뀐 사례가 많아 보인다. 그러나 젊어서 가라지같은 인생을 살았던 사람들 가운데, 나이가 들어 밀과 같이 바른 사람으로 거듭 나기도 한다. 이러한 사람들의 사례는 언론매체에 소개되기도 하는데 큰 감동을 주는 경우가 많다.

성경 속에서 주인이 종에게 그렇게 말하는 이유는 가라지를 거두어 내다가 밀(선하고 죄 없는 자)까지 함께 뽑을지도 모르기 때문이라고 말한다. 신앙적으로 가라지는 악마나 사악한 자들을 말하고, 밀은 선하고 죄 짓지 않는 자를 의미한다. 예수님의 가라지에 대한 비유는 밀과 같이 죄 없는 사람들을 배려하는 것을 넘어 죄 지은 자들이 세상 끝날까지 회개하여 밀과 같이 착한 자가 되기를 기다리는 마음인 것이다. 가라지 비유는 남을 함부로 심판하지 말고 자신이 착하게 사는데 집중하라는 의미도 담고 있다. 우리 인간은 불완전하고 잘못을 저지를 수 있다. 그래서 언제나 자신을 돌아보는 것은 물론, 남을 재단하거나 함부로 비판해서는 안된다. 섣불리 남을 비난하다 보면 선의의 피해자가 나올 수도 있다. 또한 우리 자신도 세상을 살아가면서 남들과 똑같은 잘못을 저지를 수 있기 때문이다. 우리 사회에 자기가 한 말에 자신이 걸려 창피당하고 넘어지는 정치인들이 유난히 많다. 가라지같이 사악한 사람이라도 회개하여 바르게 사는 밀 같은 사람으로 거듭 태어날 수 있다. 이런 사람들이 많아지도록 침묵하고 기도하며 기다려 주는 것이 밀과 같은 삶이고 진정한 배려의 삶이라고 생각한다.

6. 임종을 앞둔 배우자에 대한 배려의 한마디

서울 강남에 위치한 서울성모병원내 임종의 집(호스피스병동)을 교회 봉사자들과 함께 방문했다. 그곳에는 교회 내 어려운 이웃을 돕는 여성 봉사자의 남편이 임종을 준비하고 있었다. 그는 지난 5년간 두차례 암에 걸려 수술을 받고 통원치료를 받아 왔다. 두달전부터 병세가 악화되어 이제 더 이상 소생 가능성이 없다는 주치의의 진단을 받고 임종의 집으로 옮겨진 것이다.

임종의 집에는 수녀님들과 자원봉사하는 분들이 환자들을 돌보며 봉사하고 있었다. 우리들보다 앞서 임종의 집에 도착해 있던 환자의 아내분은 동료 봉사자들과 인사한 후 우리 일행을 반기면서 준(準)뇌사상태에 빠진 남편에게 "회장님과 빈첸시오회 회원들이 문병차 오셨다"며 큰소리로 소개했다. 환자가 알아들었는지는 알 수 없지만 아내분은 남편이 알아듣지 못할 것으로 생각하는 듯 보였다. 그녀는 그동안의 경과와 남편인 환자의 상태를 소상히 말하였다. 벌써 한 달째 말을 못하는 상태로 지내며 돌아가시지 않는다는 말을 무심코 병실 안에서 한 것이다. 평소 배우자를 극진히 돌봐주며 헌신해 오면서도 가끔 " 이 웬수! 날 힘들게 한다"며 농담처럼 말하곤 했었다. 임종을 앞둔 그녀의 남편은 일제시대 경기도 한 면의 면장님 막내딸을 자신이 겁탈했다고 거짓소문을 내어 자신의 여자로 만들려 했다. 그는 손위 오빠들에게 죽도록 매 맞으면서도 끝까지 버텨가며 결혼에 성공하였다고 한다. 결혼후 딸 둘을 낳고 살다가 남편은 외도를 하게 되었다. 집 나간지 10년만에 사내 아이 둘을 낳아 집에 되돌아 온 남편을 그 아내는 받아들였다. 그녀는 이런 바람피운 배우자를 받아들여 주었고 밖에서 낳아온 아이들을 자기가 낳은 자식처럼 키워 결혼까지 시켰다. 또한 남편의 사업자금을 대주고 두번의 암수술과 간병까지도 정성껏 해왔다. 세상에 이런 바보같이 착한 아내가 어디 있을까? 그러면서도 자신은 시영 임대아파트에 살면서 주변의 어려운 이웃을 돌보는 봉사 활동을 20년이상 교회 봉사팀과 함께 해 온 것이다.

이렇게 정과 사랑이 많은 분이 남편의 마지막 길에는 서운한 마음을 무의식중에 표출했던 것이다. 원망스럽고 서글픈 마음이 드는 것은 누구라도 마찬가지일 것이다. 아내의 "이 웬수 빨리 안 간다"는 무의식적인 말에 침대에 누워 있는 남편의 눈가에는 눈물이 흐르고 있는 것이 보였다. 그 순간 얼른 뒷수습을 해드려야겠다는 생각이 들었다. 잠시 환자의 아내분을 복도로 모시고 나가 몇 마디 조언을 해드렸다. 남편분은 평생 아내에게 신세만 지고 살아와 미안하기만 하고 이제 죽기 전에 아내에게 용서를 청하고 감사를 드리고 싶은데 그렇게 할 수 없어 눈물만 흘리는 것이며, 마지막까지 살아있는 것은 청각(귀)이라고 말씀드렸다. 그리고 이제 남편을 용서하고 함께 살아줘서 감사하다고 인사하고 밤새 남편 손을 잡고 기도 드리라고 조언했다. 우리 일행이 임종의 집을 다녀간 후 그날 남편에게 그대로 하였다고 한다.

그 다음날 남편은 눈을 감았고 그의 시신은 병원에 해부용으로 기증하였다. 그의 아내는 그때를 떠올리며 임종하는 이들이 평안하게 하느님 곁으로 가게 하려면, 임종을 앞둔 이에게 사랑과 감사를 표하며 평안한 죽음을 맞이 할 수 있도록 해야 한다고 봉사자들에게 강조한다. 임종을 준비하는 이들과 화해하고 용서를 청하며 존경과 사랑의 마음을 표하는 것은 임종을 앞둔 이와 유가족을 위한 최소한의 배려이다.

7. 집안의 전통 만들기

경제적으로 어렵고 자식이 많은 집의 장남으로 태어나 결혼하기도 어려웠지만 신혼생활도 힘들었다. 맞벌이를 하는 아내에게 많이 미안했다. 직장생활도 늘 바쁘고 할일이 많아 집안 일을 거의 도와 줄 수가 없었다. 늘 아내에게 미안하고 감사한 마음에 무언가 한 가지라도 일생동안 해 주고 싶은 일을 생각하게 되었다. 쉬우면서도 어려운 일이다.

아내의 생일에 내 손으로 미역국을 끓이고 아내의 생일상을 차려 주면서 장모님께 감사의 인사를 드리는 것이다. 처음에는 어떻게 장모님께 감사 인사를 드려야 하나 망설여 지기도 했다.

"장모님 오늘 따님 낳느라 고생 많으셨죠. 따님을

낳아 예쁘게 잘 키워 주시고 저와 함께 살 수 있도록 해 주셔서 감사합니다. 존경하고 사랑합니다."

아내의 생일상을 차리고 장모님께 감사 인사를 드리는 이벤트는 두 아들이 결혼한 지금도 매년 똑같이 한다. 장모님께서는 처음 몇 년 인사를 하다가 말겠지......하고 생각하셨단다.

40년째 아내 생일때 미역국을 끓이고 장모님께 전화를 드려 왔는데, 몇 년 전에는 예년처럼 "이서방 고마워. 내 딸과 늘 화목하게 잘 살아줘서" 하시면서 평소처럼 말씀하신 후 몇 말씀을 보태셨는데, 그 말씀이 많은 것을 생각하게 만들었다. 부모가 궁금한 것 중 하나는 '자식들이 결혼해서 잘 사는지'라는 것이다. 물어보면 의례적으로 답변하기 때문에 진짜 사이좋게 사는지는 모른다. 그러나 이서방이 매년 딸의 생일상을 차리고 장모께 감사 인사하는 전화 목소리를 들으면 큰딸은 행복하게 잘 살고 있구나! 하고 아신다는 것이다. 그래서 큰딸 생일에는 기분이 좋으시단다.

이 이야기를 지인들의 모임에서 들려주었는데, 방송작가인 딸의 프로그램에 출연해 그대로 들려 달라는 부탁을 받은 적이 있다. 방송 출연은 사양했지만 우리 집안의 전통으로 만들어 주어야겠다고 마음먹었다.

아들들 생일날 가족단톡방에 며느리와 온가족이 축하 인사를 나누었다. 단톡방 인사를 나눈 후 며느리에게 문자 메세지를 보내 부탁을 하였다. 며느리들 생일 때는 아들들에게 문자 메세지를 보내 똑같이 부탁 하였다.

“우리 아들 생일 축하해 줘서 고마워요. 오늘은 아들과 함께 큰아들을 낳느라 고생하신 시어머니께 감사 인사를 드리면 좋겠어요. 매년 큰아들 생일때 시어머니께 전화드려 아드님을 낳아 잘 길러 주시고 행복한 부부로 살아 갈 수 있도록 해 주셔서 감사합니다. 이런 식으로 안부 인사하면 좋겠어요.”

“이런 좋은 습관은 훗날 손주들에게도 좋은 영향을 주게 되요.” 이러한 메시지의 취지대로 아들과 며느리들은 서로 배우자의 생일상을 준비하고 장모님이나 시어머니께 전화로 감사의 인사를 드리기 시작했다.

아내는 두 아들 생일날 며느리들로부터 감사 인사를 받고 사위의 감사 인사를 받으시는 장모님의 기분을 이해하는 것 같다.

8. 아내의 안식월

세상을 살아오며서 가장 부러워한 직업 중 하나는 안식년이 있는 직업이었다. 6~7년에 한번씩 1년 내지 6개월의 안식년을 갖는 직업은 대부분 전문직이다. 대학교수나 연구소 박사급 연구원이 아닌 일반 기업이나 직장의 임직원은 직장 특성상 안식년을 전혀 기대할 수 없다. 다행히 직장내 근무성적이 좋아 미국 연구소에 객원 연구원으로 파견근무한 적이 있었다. 몇 차례 단기 해외 연수 기회도 있었고 유학도 다녀올 수 있었다. 덕분에 안식년의 중요성을 직간접적으로 깨닫게 되었다. 안식년은 자신의 재충전 기회가 되는 것은 물론이고 직장에서 열심히 일하고 성과를 낸 것에 대한 비금전적 보상이란 점에서 매우 소중하고 의미가 있다.

이러한 안식년 제도의 개념을 우리 주변에 확대 적용하면 좋은 일이 많이 생기고 좋은 열매도 맺을 것으로 생각하였다. 가정에서도 이 개념을 살리면 집안이 행복해 질 것으로 생각했다.

우선 가족회의를 열고 안식월제를 화가인 아내에게 주기로 마음먹었다. 아내에게는 두 아들이 대학을 졸업하면 매년 1개월씩 안식월을 주겠다고 약속했다. 이는 집안을 화목하게 만들어 준 아내에게 감사한 마음을 표하는 것이기도 하고 화가로서의 역량을 키우는 데는 집을 떠나 여행하며 자신만의 시간을 갖는 것이 중요하다고 생각했기 때문이다. 아내가 안식월을 맞아 집을 떠날 때는 겁도 나고 불편하지만 아내가 돌아올 때는 설레이고 안도하는 마음으로 맞이하곤 한다. 안식년을 갖는데 있어서 가장 신경이 쓰이는 것은 아내의 숙소를 정하는 일이다. 낯선 곳에서 한 달을 살아야 하는데 안전하면서도 편안하며 그림 그리기 좋은 곳을 찾는 것은 쉬운 일이 아니다. 두 아들과 지인들이 현지 숙소를 정하는데 많은 도움을 주고 있다. 자신이 운영하는 호텔의 룸을 제공해 주신 분도 있었고 해외 숙소를 제공해 주신 분도 있었다. 여름방학 동안에 해외 여행을 떠나며 자신의 아파트를 사용하게 해준 친구도 있었다. 그동안 제주도, 파리, 벨기에 등 국내외 여러 곳을 다녀 왔다. 10여년 전부터 시작한 아내의 안식월은 많은 열매를 맺기 시작했다. 화가로서의 자존감과 행복감이 증대되고 창의성과 적극성도 한층 배가되었다. 덤으로 가족간의 신뢰와 존중하고 사랑하는 마음도 한층 심화되었다.

이러한 안식월의 개념은 다른 곳에서도 적용하여 많은 열매를 맺었다. 조직의 규정상 안식월을 우수 임직원들에게 줄 수는 없었지만, 비공식적으로 출근은 하지만 한 달간 자신이 하고 싶어하는 일을 할 수 있도록 배려해주는 방식으로 안식월을 줄 수 있다. 이러한 안식월 개념은 열심히 일하고 성과를 내는 사람에 대한 보상이자 배려이다. 가족에게도 안식월을 주어 서로에게 보상하고 배려해 주는 차원에서 활용한다면 좋은 일이 많이 생길 것 같다.

9. 원수를 왜 사랑하는가

율법에는 "이에는 이 눈에는 눈"으로 맞대응하라고 되어 있다. 예수님은 원수를 일곱 번이 아니라 일흔 일곱 번이라도 무한히 용서하고 사랑하라고 제자들을 가르친다. 인간 본성으로는 '이에는 이, 눈에는 눈'의 방식으로 대응하는 것이 자연스러운 일일 것이다, 누가 욕하거나 음해하면 우선 맞대응해서 되갚아 주고 싶은 것은 인지상정이다. 상대에게 잘못한 것이 없고 더구나 상대를 도와주거나 선행을 하려다 그런 것이면 괘씸하다는 생각에 몇배 더 되갚아 주고 싶게 된다. 만약 상대의 공격이나 비난에 대해 즉시 되갚아 주면 당장은 시원하고 때로는 정의감마저 가질 수도 있을 것이다. 하지만 시간이 지날수록 마음이 편치 않게 느껴지는 경우가 대부분이다. 주변에 지켜보는 사람들이라도 있으면 양쪽 모두 똑같은 취급을 당할 수도 있다. 신앙인이라면 원수마저 사랑하라고 가르쳐 주신 예수님의 말씀을 따르지 않아 마음이 편치 않을 것 같다. 심지어 상대방이 보복하거나 해꼬지하지 않을까 하는 두려움마저 느낄 수도 있을 것이다.

상대의 욕이나 비방에 그대로 침묵하고 무시하는 것이나, 오해를 사지 않기 위해서라도 맞대응이나 법적조치를 해야 한다고 생각하는 것 모두 인간적인 대응이다. 실제 다른 사람들에게 공개적으로 음해와 가짜뉴스로 공격을 당했을 때 명예 훼손죄로 상대방을 고소하라는 조언을 해 주는 지인들도 있었다. 그냥 공식 입장문만 발표하고 무대응하겠다고 하니, 진짜 잘못한 것이 아니냐며 마음을 상하게 하는 지인도 있었다. 하지만 가족과 기도속에서 만나는 예수님은 그저 상대를 용서하라는 것이다. 참고 인내하며 지내다 보니 참 평화가 찾아 오고 상대를 용서할 수 있는 관대함마저 생겼다. 그리고 음해하고 비난하는 자들을 용서하고 나니, 지난날 고통이 기쁨과 축복의 시간으로 다가왔다. 흔들림 없는 평화와 믿음을 갖게 되었다. 원수에게 보복하거나 되갚아 주는 것이 아니라, 참고 인내하며 용서를 해 주는 것이 참 평화의 삶을 사는 길임을 알게 되었다. 모함으로 잃어버린 직장과 명예는 순간의 아픔이지만 평화의 삶을 살게 된 것은 일생의 기쁨이 되었다. 원수를 용서하고 사랑하는 것은 나 자신의 참 평화를 위한 것이고 나 자신을 배려하는 것임을 새삼 깨닫게 되어 기쁘다.

10. 지나침과 배려

지나친 것은 배려가 아니다. 우리 속담에 '과하면 모자람만 못하다'가 있다. 공자의 핵심가치인 과유불급과 같은 뜻이다. 어떤 일을 함에 있어서나 인간관계에 있어서 지나치다고 생각할 때는 그냥 멈추어야 한다. 자신의 지나침을 모르면 공감 능력이 떨어지는 것이고 배려심이 부족한 것이다. 지나친 관심과 간섭은 인간관계를 소원하게 만든다. 부모가 자녀에게 지나치게 관심을 보이거나 간섭을 하게 되면 자녀들은 침묵 하다가 부모 곁을 떠나게 된다. 다 자란 자녀는 그저 바라만 보고 기도해 주는것이 진정한 배려이다. 자녀들의 지나친 부모님에 대한 의존이나 부모의 과보호는 자녀의 성장을 제약하고 부모의 근심만 키우게 된다.

우리 부모들은 지나칠 정도로 자녀에 대한 관심과 투자를 많이 하는 편이다. 이것이 노년 빈곤을 야기하는 주요 요인이다. 많은 부모들이 대학입시 걱정은 물론 취업 걱정, 결혼 걱정, 자녀의 주택 문제, 손주와 그들의 양육 문제까지 걱정한다.

코로나 사태 이후 세계 경제가 어려워지면서 청년들 취업 기회가 크게 줄고 있다. 베이버 부머 세대인 부모들의 은퇴가 대규모로 이루어지고 있다. 게다가 노년 빈곤 문제까지 심각해지고 있다. 캥거루족에 이어 탕핑족이 크게 늘고 있다. 탕핑족이란 아무 것도 하지 않고 먹고 노는 청년들을 이르는 중국말이다. 우리나라는 청년 실업율 1위의 불명예를 중국으로 넘겨 주었다. 중국은 2023년 6월 청년 실업율을 발표한 이후 공식 통계 발표를 중단했다. 너무 청년 실업율이 높아서다. 탕핑족과 캥거루족을 포함한 중국의 실제 청년 실업율은 50%를 넘는다는 전문가들의 분석이다. 우리나라나 중국은 노인빈곤 문제가 심각한 가운데 자녀를 과보호하는 나라이다. 서구사회처럼 자녀가 만20세가 넘으면 집을 떠나 자립하도록 도와주질 않는다. 미국의 최고부자들은 상속이 아닌 벤처 기업으로 성공한 청년 사업가 출신이 대부분이다. 마이크로 소프트의 빌 게이츠 회장이나 애플의 스티브 잡스도 청년 벤처사업으로 성공한 갑부들이다. 우리 동양사회도 지나친 자녀 보호와 교육에 대한 부담을 줄여야 한다. 그래야 노년 빈곤 탈출은 물론 자녀에게도 자유로운 삶의 기회를 줄 수 있다. 이를 위해서는 남의 자녀들과 비교하려는 마음을 없애고 자녀가 원하는 대로 그들의 탈렌트를 살려주고 독립심을 키워 주어야 한다. 그것이 자녀에 대한 배려이자 그들이 행복하게 살아 가는 길이다.

11. 설명과 변명

일상생활을 하다 보면 약속을 어길 때도 있고 크고 작은 실수를 할 때도 있다. 이러한 경우 어떠한 사람은 약속을 지키지 못한 사유를 솔직히 설명하고 양해를 구하는가 하면, 어떤 이는 미안한 마음을 거짓말이나 변명으로 위기를 모면하려 한다. 변명으로 한두 번의 위기는 넘길 수 있어도 새로운 변명거리를 계속 만들어 낼 수는 없을 것이다. 설령 변명거리를 만들어 낸다 하더라도 그 사람의 행실이 좋지 않거나 약속을 자주 어기고 실수하는 일이 많으면 그의 변명은 통하지 않을 것이다.

약속을 어기는 것 가운데 가장 흔한 것은 약속 시간에 늦는 것이다. 그래서 약속 시간에 늦었을 때 변명을 하는 사람들이 많다. 아마도 누구나 한두 번쯤은 순간적으로 위기를 모면하려고 약속 시간에 늦어 변명해 본 적이 있을 것이다. 변명 가운데 흔한 것 중의 하나는 교통 체증이다. 약속시간에 몇 분 늦었을 때 그 정도 핑계는 애교로 봐 줄 수 있다. 그러나 약속시간에 몇 시간 늦거나 아예 약속장소에 나가지 못할 경우에는 가족이 아파서라든지 회사에 급한 일이 생겨서라든지 하는 식의 상투적인 변명을 하게 된다. 부부간에 늦게 귀가하는 것에 대해 직원이나 친구 부모님의 상가에 다녀 왔다는 변명도 흔하다. 꼬리가 길면 잡힌다고 "그 친구는 어머니가 몇번 돌아 가셨냐?" 며 아내에게 변명하다가 들키는 사례의 농담들을 하곤 한다 변명은 하면 할수록 자존감만 떨어지고 상대방을 속이는 행위이기 때문에 신뢰 관계마저 깨뜨릴 수 있다는 점에서 바로 고쳐야 할 나쁜 습관이다.

경제 단체 임원시절 일본에서 유학도하고 일본인들과 거래가 많은 경제 단체 회장께서 임원들 회의시간에 늦지 말라며 일본 기업인들의 자녀교육에 대해 들려준 적이 있다. 일본의 기업인들은 사업을 승계할 자녀들에게 "약속 시간보다 20~30분 전에 약속 장소에 나가 먼저 온 사람들과 담소하면서 약속과 관련된 마음의 준비를 하라"고 가르친다고 한다. 다른 사람과 약속을 잡을 때 약속 시간보다 앞선 시간에 약속 장소에 나간다고 마음 먹으면, 아무리 교통체증이 있더라도 가까운 전철역 등을 이용해 약속했던 시간에 도착하는 것은 그리 어려운 일이 아니다. 도심의 경우 자가용이나 택시를 이용하게 되면 교통체증으로 시간을 지키지 못하는 경우가 흔히 발생한다. 따라서 지하철 등을 이용하여 약속시간보다 먼저 도착하는 것은 상대를 배려하는 것이고 본인에게도 여유를 갖게 만든다는 점에서 좋은 습관으로 만들어 가면 좋다. 그러다 보면 변명거리의 대부분인 교통체증을 핑계로 변명을 하지 않아도 된다. 또한 자주 목격하게 되는 변명거리 중 하나는 자신의 실수나 무능함을 사회적 약자라는 이름으로 자기 변명하는 것이라는 생각이 든다. 일이나 사업을 하다 보면 곳곳에서 어려움에 직면하게 된다. 그럴 때 마다 '나는 여성이기 때문에, 혹은 장애인이기 때문에' 등등의 변명으로 자신의 곤란한 처지에서 벗어나려 한다. 직장이나 사업의 세계에서는 자신에게 도움이 되고 이익이 되면 도와 주고 거래하는 것이다. 스스로 약자라고 생각하고 변명하게 되면 점차 자신감마저 잃게 된다. 실수나 잘못한 일에 대해 솔직히 설명하고 나쁜 습관을 고쳐 가면 될 일이다.

변명하려는 마음에서 설명하려는 마음으로 바뀌어 갈 때 더 많은 기회를 얻게 된다. 우리 주변에서 변명만 하며 인생을 허비하는 이들을 만날 때, 두 팔 없는 장애인 명강사 존 파피 씨가 들려 주는 명언을 떠올리면 좋겠다. 변명Excuse하는 사람은 책임을 회피하기 위해서 늘 구실을 찾는다. 반면에 설명Explanation은 해결책을 찾으려고 노력하게 만든다."

우리사회에는 자신들이 잘못한 일을 사과하지 않고 변명하려는 부끄러운 사람들이 많다. 이제부터라도 우리 모두 변명 대신에 설명하고 책임을 질 줄 아는 공동체 일원이 되면 좋겠다. 이것이 자신과 공동체에 대한 배려가 아닌가 생각한다.

12. 산책길 동행

시골에서 서울로 유학을 와서 고교생활을 시작하면서 갖게 된 취미가 산책을 하며 사색을 하거나 동행한 지인들과 대화하며 즐기는 일이다.

고1때 첫 하숙집이 이태원동이라서 남산길을 많이 걸으며 산책을 시작하였다. 눈 비가 오는 날에도, 기쁘거나 슬픈날에도 남산길 산책은 계속되었다. 서울에 올라와서 주로 남산이나 여의도 주변에서 살아왔다. 그러다 보니 남산이나 한강 주변을 거의 매주 1~2회 이상 산책을 해 온 것 같다. 직장과 집이 가까워서 출·퇴근 시간에도 산책하는 기분으로 출·퇴근했다. 지인들이 직장 근처로 찾아오게 되면 대화하며 산책을 즐겼고, 산책 후에는 가볍게 차를 마시며 용건을 마무리 하곤 하였다.

지인들은 버킷리스트로 여행을 해보고 싶은 장소나 크루즈 여행 등을 열거한다. 하지만 나의 버킷리스트 1호는 남산길이나 한강변 등을 이 세상 다할 때까지 매주 1회 이상 가족이나 지인과 산책하며 대화와 식사를 함께 하는 것이다. 지난 수십 년간 남산길, 여의도공원과 고수부지 등을 지인들과 함께 산책하며 많은 추억을 만들었다. 그 동안의 동행자들을 떠올리기만 해도 기분이 좋아지고 행복하다. 직장 동료. 연구원 박사들, 출입 기자들, 자문해 주는 기업인들, 여의도 주변에 근무하는 동창들이 그립고 많이 생각난다. 매일 밤 함께 여의도 공원이나 한강고수부지를 함께 걷던 아내와의 그림 이야기는 기억 속에 생생하다. 남산길을 함께 걷는 친구들, 봉사 단체 회원들 그리고 가족을 떠올리면 저절로 행복해 진다.

남산 산책길은 남녀노소는 물론 시각장애인 등 몸이 불편한 어르신도 함께 즐기는 곳이다. 힘들게 남산을 오르는 어르신들을 보면서 앞으로 오래도록 남산길 산책을 아내와 함께 할 수 있기를 희망하며 버킷리스트 1호로 올린 것이다.

산책길 동행을 하면 유익한 것이 많다. 건강과 사람을 얻는다. 사업이나 정책과 관련한 아이디어와 영감을 얻어 글도 쓸 수 있다. 산책하는 시간은 나 자신과 동행자가 교감하고 서로를 배려하는 행복한 시간이다. 매주 남산길 산행에 함께 하는 가족과 지인들이 있어 고맙고 행복하다.

13. 비움과 배려

우리 사회에 지도자다운 지도자가 거의 없다는 소리가 들리기 시작한지 오래되었다. 지도자들이 욕심을 내고 마음을 비우지 못한 탓이다. 다선 국회의원임을 자랑하지 말아야 한다. 자신이 정치인임을 자랑거리로 삼지 말아야 한다. 오늘날 한국의 정치를 3류 코메디 장으로 만든 장본인들이란 놀림을 받을까 두렵다. 지자체장을 오랫동안 한 것도 자랑하면 안된다. 지방토호 세력과 그만큼 밀착을 잘 하는 사람으로 오해를 사기 쉬울 뿐이다.

노후를 생각해 개인 재산증식에 관심이 많으신 목사님 스님 등 종교인이 많아졌다는 소리가 들린다. 한 분의 스님이 나오면 집안이 살고, 목사님 한 분이 나오면 자녀가 유학을 다녀오고 큰 교회 건물도 얻는다고 농담들을 한다. 스스로를 월급장이라고 부르며 노후준비를 하려는 신부님들도 부끄럽기는 마찬가지다. 우리 사회에 신앙인이 줄어들고 있는 현실은 종교계 지도자들의 세속화와도 무관하지 않다. 법인 명의로 재산을 숨겨 사적으로 즐기는 종교계 인사가 많다는 지적은 안타깝고 슬픈 현실이다. 지도자들은 명예나 권력이 있으면 적어도 재산 욕심은 내려놓아야 한다. 명예나 권력을 쟁취하는 것이 부를 축적하기 위함이라면 더 이상 지도자 자격이 없는 천박한 사람이다. 이 사회에 존경할 만한 지도자가 사라지고 있는 것은 헌신하며 봉사하는 청빈한 지도자가 줄어들기 때문이라고 생각한다. 부에 대한 욕심은 바닷가 소금물을 마시는 것과 같다. 1억원을 모으면 10억원을 모으고 싶고 10억원을 모으면 100억 1000억원을 모으고 싶은 것이다.

돈을 벌려면 사업가가 되어야지 정치인과 종교인들이 치부까지 하는 것은 국민에 대한 배신이고 도덕적 해이이다. 자신들의 주어진 소명은 봉사와 헌신이기 때문이다. 명예와 권력 그리고 부를 모두 가지면 탈이

난다. 겸손함이 사라지고 오만방자해진다. 부족한 것이 있어야 다른 사람을 배려할 줄도 알고 함께 더불어 살 수 있다.

세 가지 욕망을 모두 채우려는 권위주의적 정치 지도자들이 21세기 세상을 전쟁으로 몰아가고 있다. 자신들 욕심 때문에 인류 공동체가 불행해지고 있다. 지도자들이 세 가지 욕심 모두를 내려놓으면 좋겠지만 적어도 명예나 권력을 가진 분들은 부의 축적에 대한 유혹만큼은 버리고 마음을 비워야 한다. 부와 명예를 가진 지도자들이 정치권력까지 쟁취하려다 말로가 좋지 않았던 사례는 우리 주변에 많다. 욕심은 줄이면 줄일수록 자유로워지고 리더십을 발휘할 수 있는 여지가 생긴다.

300년간 부자였던 경주최씨 가문의 가훈인 '진사 이상의 벼슬에 오르지 말라'는 권력과 부가 함께 할 수 없음을 시사해 준다. 지도자는 빈 마음으로 사는 것이 국민을 배려하는 참된 리더십의 원천이다. 현 세대도 자원을 아껴쓰고 낭비를 줄여야 한다. 현 세대가 욕심을 버리고 미래 세대와 함께 나누며 살려고 힘쓸 때 지속가능한 사회가 구현된다. 우리 세대가 비우는 만큼 미래 세대의 삶이 풍요로워진다.

14. 결혼식에 늦은 혼주

살다보면 큰 실수를 한 사람들 덕분에 작은 실수를 한 사람의 잘못이 드러나지 않고 유야무야 넘어가는 경우가 있다. 봉사 단체 회원의 아들 결혼식의 주례를 서기로 했는데 교통체증 때문에 20분 늦게 예식장에 도착하였다. 매우 당혹스러웠는데 혼주 또한 30분 늦게 도착하는 바람에 안도의 한숨을 쉬게 되었다. 많은 하객 앞에서 망신을 당하지 않게 해 주신 혼주에게 감사 인사라도 드리고 싶은 심정이었다.

봉사 단체 회원이나 초중고 동창들로부터 자녀 결혼식 주례 부탁을 종종 받는 편인데, 이런 해프닝은 처음이었다. 결혼식은 토요일 11시 경기도 오산에서 있었다. 당일은 예식장에서 멀리 떨어져 있지 않은 지산리조트에서 조찬 강연을 마치고 여유있게 예식장으로 출발하였다. 영동고속도로를 거쳐 경부고속도로로 진입하는 순간 교통혼잡 때문에 수원에서 오산까지 가는데 1시간이 넘게 걸렸다. 예식장 안에 들어서니 11시 20분이었다. 혼주석을 보니 신랑쪽 부모님 자리가 비어 있었다. 사회자가 서울에서 오는 신랑측 가족이 교통체증 때문에 아직 도착하지 못했으니, 잠시 기다려 달라고 양해를 구하는 말을 하였다. 이윽고 10분쯤 지나 신랑 부모님께서 도착하자마자 결혼식을 서둘러 진행했다. 주례 인사말을 시작하면서 먼저 신랑 부모님께 감사 인사를 드렸다. 주례자도 20분 늦었는데 저를 덜 미안하게 해 주시려고 조금 더 늦게 도착해 주신 배려심에 감사드린다고 했더니, 좌중이 웃음바다가 되었다. 당혹스러워 하던 신랑 부모님도 한결 편안한 마음으로 결혼식에 임할 수 있었다. 결혼식도 순조롭게 잘 마쳤다.

사람은 누구나 실수를 하며 살아 간다. 완전하지 못하고 실수도 하는 것이 인간이기에 서로 용서하고 포용하는 관대함과 배려심도 갖게 되는 것이 아닐까 생각한다. 완벽한 인간보다는 실수도 하고 용서를 청하고 바로잡으려고 노력하는 인간이 더 인간미 넘치고 배려하는 사람이 아닐까 생각한다.

공동체나 조직에서의 실수는 개인이나 가족 공동체에서의 실수와는 다르다. 국가나 공조직에서는 실수가 용인되지 않는다. 열 번 잘하다가도 한번 실수하면 실패자로 낙인 찍히기 십상이다. 그래서 공직세계에서는 일을 많이 하려 하지 않는다. 실수를 하지 않는 것이 중요하다. 그래서 복지부동하게 된다. 정치의 세계와 기업의 세계는 다르다. 작은 실수를 여러 번 하더라도 큰 성공을 거두면 만회가 된다. '실패는 성공의 어머니'라며 보다 적극적으로 도전하라고 격려한다.

일과 관련하여 작은 실수나 잘 준비된 실패는 모든 조직과 공동체에서 관대하게 대해 주면 좋겠다. 더 나은 공동체와 사회를 만들기 위해 새로운 것에 도전하고 기존의 것을 혁신하려는 시도와 이를 하려다 생기는 실수는 조직과 공동체의 활력소 역할을 할 것이다. 작은 실수를 용인할 수 있어야 큰 성공을 거둘 수 있다.

15. 요양병원에 계신 아버지

요양원 등에서 주말 봉사 활동을 오랫동안 해 오다가 최근 들어 90세가 넘으신 아버지를 서울 시내 요양병원에 모시게 되었다. 시골집에서 어머니와 함께 사시던 아버지께서 의자에서 일어나시다가 어지러워 엉덩방아를 찧으며 거실 바닥에 주저앉으셨다. 허리가 아파 움직일 수가 없게 되었다. 119 구급차편으로 급히 중앙보훈병원에 옮겨져 종합검사를 해보니 고관절이 함몰되었다는것이다. 통상 정형외과 의사들은 고관절 수술은 75세가 넘으면 하지 말라고 권한다. 아버지께서는 통증이 너무 심한 상태라 수술받다가 잘못되는 일이 있더라도 수술을 하시겠다고 하였다. 가족들 동의가 있어야 하기에 아우들과 상의한 끝에 수

술동의서에 서명 날인하였다. 장시간 수술을 받으셨다. 수술은 잘 되었지만 당초 의사선생님이 우려한 대로 반신불수에 언어장애와 연하장애 증세까지 나타나 식사조차 할 수 없게 되었다. 식사는 호스로 액체 상태의 음식물을 투입하게 되었다. 3개월간 병원내 재활센터에서 재활훈련을 받았지만 별로 나아진 것이 없었다. 요양병원으로 아버지를 모셔야 하는 상황이었다. 형제들과 상의한 끝에 지방소재 요양병원보다는 서울도심에 있는 요양병원으로 모시기로 하였다. 요양병원에 입원하게 되면 세상과 차단되는데 따르는 소외감이 크기 때문에 가족이 계속 찾아 뵐 수 있는 도심속 요양병원에 모시는 것이 낫다는 판단이었다. 요양병원으로 옮기신 첫 두 달은 코로나 감염병 때문에 월 1회 2인만 면회가 가능했다. 병원측에 면회 횟수를 늘려 달라고 건의하였다. 다행히 석 달째부터 주 1회 면회가 허용되어 매주 두 명씩 교대로 면회를 할 수 있게 되었다.

매주 한 번 아버지 면회를 가면서 아버지께 바깥 소식과 가족 소식을 전해 드린다. 매주 찍어 온 증손자와 손자들 동영상을 보여 드리면 좋아하신다. 함께 동행하는 아내는 아버지의 팔과 다리를 주물러드린다. 면회 시간 10분을 넘기게 되는데, 매번 간병인에게 양해를 구하고 시간을 늘려 아버지와 함께 기도를 하고 돌아왔다. 몇 달이 지나서 면회는 월요일부터 토요일까지 매일 오후 2시부터 한 시간으로 변경되었다. 놀라운 사실은 아버지께서 말씀을 거의 못하시면서도 기도 소리만은 또렷하게 내신다는 점이다. 일생 살아오시면서 가족과 함께 언제나 새벽 기도와 저녁 기도를 해 오신 아버지의 습관 때문이 아닐까 하는 생각이 들었다. 아버지와 헤어질 때는 틈틈이 가족과 기억에 남는 분들을 위해 기도해 주시라고 부탁드린다.

요양병원에 부모님을 모신 분들은 부모님을 위해 자주 면회가서 이야기를 많이 들려드리고 사랑하고 존경하는 마음을 전해드리면 좋을 것이다. 그래야 그 분들의 자존감도 살리고 아쉬움과 서운함 그리고 소외감을 조금이나마 달랠 수 있을 것 같다. 이것이 일생을 자녀를 위해 희생하신 부모님에 대한 최소한의 예의이자 배려가 아닐까 생각한다.

16. 기도와 배려

기도하는 삶이 배려하는 삶이라는 생각이 나이가 들면서 확신을 갖게 되었다.

충청북도 음성군 감곡면에 위치한 교우촌에서 태어나 유년시절을 보내고 초등학교와 중학교 시절은 신앙인이 거의 없는 농촌으로 이사를 갔다. 하지만 그곳에서도 부모님과 우리 가족은 언제나 새벽 기도와 저녁 기도를 함께 드렸다. 고등학교를 서울로 유학을 오면서 가족과 떨어져 혼자 지내게 되었는데, 이때부터 지금까지 나만의 독특한 방식으로 기도 생활을 이어오고 있다. 혼자서 산책을 하거나 여행을 할 때도 기도를 많이 하는 편이다. 어려서부터 모든 면에서 부족한 것이 많았지만 기도를 통해 위안과 용기를 얻고 꿈과 희망을 키워 왔던 것 같다. 기도는 세상과 이웃을 위한 것이기도 하지만 자신을 위한 것이기도 하다. 기도 속에서 두려움과 공포감을 극복할 수 있었고, 갈등과 반목이 생길 때에는 화해와 용서를 청할 수 있었다. 가짜 뉴스와 모함으로 고통을 받을 때에는 기도 속에서 침묵하며 모든 욕심을 내려놓고 상대를 용서할 수 있었다. 참 평화도 찾을 수 있었다. 기도 속에는 이웃과 공동체를 위한 지향이 늘 함께한다. 이를 통해 공동체에 대해 많은 생각을 하게 되었고 좋은 열매도 맺었다. 덕분에 공동체를 위한 봉사를 하며 글도 쓰고 책을 펴낼 수 있었다.

가족과 공동체를 위한 지향 기도는 시대 상황과 세월의 흐름에 따라 바뀌어 왔다. 처음에는 경제가 발전하여 모든 가정이 가난을 극복하게 해달라고 하였다. 2000년대 들어서는 양극화를 극복하여 갈등이 없는 사회를 만들어 달라는 내용으로 기도가 바뀌었다. 또한 지구 생태계 보호와 함께 공동체 구성원 서로가 배려하는 사회가 실현되고 현 세대와 미래 세대가 조화롭게 살아갈 수 있는 지속가능한 사회가 구현되게 해달라고 간구했다. 그 덕분에 환경보호와 사회적 약자보호 그리고 지속가능발전과 관련한 일들을 많이 하게 되었다. 최근에는 미중패권전쟁과 러시아와 우크라이나 간 전쟁의 발발로 신냉전 체제로 전환하면서 세계평화를 위한 기도를 한다. 한반도와 중동지역의 항구적인 평화를 위해서도 기도하고 있다.

요즘은 반신불수가 되어 요양병원에 입원해 계신 아버지를 비롯한 양가 어르신들과 새로 태어나는 어린이들을 위한 기도를 많이 하는 편이다. 암투병 중인 지인들과 생명을 다루는 이들을 위한 기도를 많이 한다. 세월은 어쩔 수 없는 것 같다.

코로나 사태로 많은 것이 바뀌었다. 모든 삶의 방식을 되돌아 보며 생명의 소중함과 기도의 힘을 새롭게 느끼는 계기가 되었다. 나약한 인간이 할 수 있는 것이라고는 기도속에서 희망과 평화를 노래하는 것이다. 창조주와 우리 자신과의 대화인 기도에는 생명을 살리는 힘이 있다. 기도는 우리 인류 모두를 위한 배려이자 꿈과 희망을 주는 자양분이다. 기도를 하면 마음이 편안해 진다. 폐를 끼친 이웃이나 동료들을 위해 기도할 때 미워하는 마음 대신에 감사하는 마음이 생긴다. 기도가 배려와 참 평화의 출발점이다. 매일 기도 속에서 만나는 이들이 가장 사랑하고 배려하는 가족이고 이웃이다.

17. 기다림과 배려

이승만 대통령은 청년시절 16번 과거시험에 낙방했다.

윤석열 대통령은 9수끝에 사법고시에 합격했다. 두 분 부모님의 기다림과 배려심이 놀랍다. 오랜 시련과 인내가 큰 열매를 맺게 한다. 한국 정치인들은 훌륭한 부모님 슬하에서 자란 분들이다. 그들 부모님같은 마음으로 서로 믿고 기다려 주며 국민을 섬기고 국가 발전을 위해 헌신하면 좋겠다.

재계 총수들은 역대 정부가 성공하기를 기원하며 국가적 비전과 사업과제를 제시해가며 나라 발전을 도우려 힘썼다. 한 예로 삼성그룹 고 이건희 회장은 김영삼 정부시절 인천 영종도 국제 공항 건설을 제안하며 현재보다 두 배이상 크게 국제공항을 건설할 것을 청와대에 건의하였다고 한다. 하지만 한국정치가 3류이고 기업이 2류라고 한 그의 한 마디 때문에, 이 회장은 큰 시련을 겪게 되었다. 권위주의적 정치인들은 각계 지도층의 고언을 인내하며 수용하지 못한다. 국민에게 희망을 주고 설레임으로 기다리게 만드는 재주는 전혀 없어 보인다. 한국정치 공동체는 멀리내다 보며 기다릴 줄 모르는 하루살이 세상같다.

하루가 멀다하고 자신을 드러내고 싶은 이벤트성 사업을 좋아 한다. 이러한 일을 잘 하는 참모들을 중용한다. 야당은 대통령에 당선되자 마자 흔들기 시작한다. 몇 개월 국정운영을 해보지 못한 대통령을 탄핵하겠다고 야단이다. 기다릴 줄 모른다. 5년간 국정운영을 맡긴 국민에 대한 배려도 예의도 아니다. 그래서 한국정치는 열매를 맺기 어렵다. 공직자를 임명했으면 임기까지 기다려 주는 것은 국민에 대한 배려이다. 또한 지도자는 조급증에서 벗어나 기다림의 중요성을 알아야 큰 열매를 맺을 수 있다. 대통령을 비롯한 모든 인사권을 가진 지도자는 장관이나 기관장을 뽑을 때 능력과 인성을 중시하여 신중히 뽑되, 일단 임명했으면 그들의 임기까지 믿고 기다려 주어야 한다. 정치권과 언론이 그들을 흔들어도 끝까지 아랫사람을 믿고 맡기는 뚝심이 있어야 한다. 아랫사람은 믿고 맡기면 윗사람을 위해 혼신을 다하여 성과를 내려고 노력한다. 기다려주는 것은 국민을 배려하는 것이며 큰 열매를 맺는 길이다.

모든 것은 때가 있다. 기다릴 줄 모르는 사회는 성과도 미래도 없다. 한국정치 발전을 위해 필요한 것은 조급증이 아니라 기다림이다.

18. 청빈(淸貧)과 청부(淸富)

동물 가운데 가장 사냥하기 힘든 동물이 원숭이 이라고 한다. 원숭이가 가장 영리하기 때문이다. 하지만 열대 밀림 지역 아마존에 사는 원주민들은 욕심 많은 원숭이의 습성을 이용해 원숭이를 쉽게 잡는다. 원숭이 앞에 바나나와 같은 맛있는 과일을 놓아 주면 원숭이는 양손에 과일을 들고 있느라고 사람들이 잡으러

와도 나무 위로 도망칠 수 없다. 두 손에 쥔 바나나를 버리면 살 수 있는데도 그것을 움켜쥐고 있어 도망칠 수 없다. 원숭이처럼 우리 인간도 자기 욕심만 채우려다 난관에 빠져드는 사람이나 조직이 적지 않다. 위기가 닥치면 구조조정이나 워크아웃(Workout) 등을 통해 언제든 몸집을 가볍게 할 수 있어야 위기 속에서 살아 남을 수 있다.

조직의 구성원들에게 청빈과 청부의 정신이 몸에 베게 해야 위기가 닥쳐올 때 신속한 구조 조정 등을 통해 조직이 살아남을 수 있다.

청빈의 삶은 다양한 방식으로 정의할 수 있겠지만 적어도 "비록 부자라 할지라도 자신에게는 엄격하게 절제하는 삶을 살면서 이웃을 배려하는 삶"을 살아가는 것이다. 이러한 삶을 살아야 지속가능한 삶을 살아갈 수 있다. 요즘 유행하는 미니멀 라이프도 청빈과 유사한 효과를 가져다 줄 수 있다. 네이버 지식백과에 의하면, 미니멀 라이프(Minimal Life)란 절제를 통해 일상생활에 꼭 필요한 적은 물건만으로도 만족과 행복을 추구하며 살아가는 방식을 말하며, 이러한 생활 방식을 실천하는 사람들을 미니멀리스트(minimalist)

라고 한다. 미니멀 라이프는 불필요한 것을 제거하고 사물의 본질만 남기는 것을 중심으로 단순함을 추구하는 예술 및 문화 사조인 미니멀리즘(minimalism)의 영향을 받아 2010년대 즈음부터 나타나기 시작했다. 인생에서 정말 소중하고 본질적인 것에 집중하여 자기 본연의 모습을 찾아가는 데에서 행복을 찾을 수 있다는 깨달음이 미니멀 라이프의 근간이다.[1)]

청빈은 절제를 통해 어려운 이웃과 나누고 배려한다는 의미가 더 강하다는 점에서 차이가 있지만 지속가능한 삶의 관점에서 보면 비슷한 효과를 가져다 준다는 점에 주목할 필요가 있다.

청빈한 삶을 살려면 물질 중심적 삶의 방식을 가치를 중시하는 삶으로 전환해야 한다. 돈이나 물질의 소유는 그 자체가 나쁜 것은 아니지만, 그것의 지향점은 물질의 축적 자체가 아닌 공동체 번영이나 행복 추구 등을 위한 수단으로 사용해야 한다는 점이다. 그래야 삶의 보람을 느끼게 되고 더 가치 있는 삶을 살게 되는 것이다.

---

1) 네이버 지식백과, 「미니멀 라이프」(『시사상식사전』, 박문각)

간송 전형필 선생(1906–1962)은 일제 강점기 국내 최대 부자의 한 사람이었다. 그는 자신만의 부를 축적하는 데에 관심을 두기보다는 국보급 문화재의 해외 유출을 막고 소중한 우리 문화재를 보전하는 데 거의 모든 재산을 사용했다. 그의 가치 중심적 삶 덕분에 오늘날 국보급 문화재를 일본에 빼앗기지 않고 지킬 수 있었다.

옛말에 부자가 3대를 넘기기 힘들다고 했다. 그런데 경주 최부잣집은 300년간 부를 유지해 왔다. 그 비밀을 알아보면 지속가능성에 대한 의미를 이해하는 데

도움이 될 것이다. 특히 청빈의 정신이 얼마나 중요한지 알 수 있다. 경주 최씨가의 장수비결 핵심 6가지 중에서 '재산을 1만석 이상 지니지 말라'와 '며느리들은 시집온 후 3년 동안은 무명옷을 입어라'라는 가훈이 있다. 이는 자손들이 청빈하게 살아가라는 메시지를 담고 있다.

네이버 지식백과(두산백과)는 청빈을 청렴하면서 가난함이라 정의하고 있다. 단순히 게으르거나 무능해서 가난하게 된 것과는 달리 청렴이 가난의 원인이 될 때만 그 가난을 청빈이라 한다는 것이다. 물론 일반 서민들도 정직하고 의롭게 살아 가난해질 수 있으나, 청빈한 삶이 요구되는 것은 불의와 타협할 유혹을 가장 많이 받는 지도자들에게 해당된다. 사업 성공으로 큰 부를 얻거나 덕과 능력이 있어 큰 권력을 행사할 수 있는 데도 그 자리에 앉는 것 자체가 옳지 못하다고 생각하여 이를 사양하거나, 그런 지위에 있는 지도자가 불의와 타협하면 큰 이익을 볼 수 있는데도 도덕적인 이유에서 타협을 거부함으로 겸손하게 사는 삶을 청빈이라 한다.

신앙적으로는 청빈이란 스스로 선택한 단순 소박한

삶을 뜻한다. 자발적 가난은 물질적 결핍이 아니라, 물질적 소유욕에서 해방된 자유를 뜻한다. 사회적 공헌과 연대를 추구하는 기업 구성원 입장에서 청빈이란 자신에게는 엄격하게 최소한의 물질적 재산을 사용하면서 이웃에 대해 배려하는 삶을 의미하는 것으로 정의하면 좋다. 이같이 정의하는 것은 지도자가 아니더라도 누구나 근검절약하면서 어려운 이웃을 배려하며 살아가자는 뜻에서다. 이렇게 하다 보면 소식(小食)을 통해 건강을 유지하고 나아가 공동체의 나눔과 연대를 강화하고 자원의 낭비를 막음으로써 환경보호에도 기여하게 된다. 즉 배려하는 삶을 살 수 있게 된다.

〈경주 최씨 부잣집에서 배우는 청빈과 청부정신〉

'경주 최부자'는 10대 300년간(1650~1950) 만석꾼의 부를 이어온 우리나라의 대표적인 존경받는 부자 가문의 사례라 할 수 있다.

이 가문에서는 다른 가문에서 보기 힘든 독특한 6가지의 '가훈'이 있다. 이 가훈을 후손들이 잘 지켰기 때문에 부를 300년간 지킬 수 있었다. 구체적인 키워드를 보면 다음과 같다.

(1) 과거를 보되, 진사 이상 하지 말라.

(2) 재산은 만석 이상 지니지 말라.

(3) 과객을 후하게 대접하라.

(4) 흉년에 땅을 사지 말라.

(5) 며느리들은 시집 온 후 3년 동안은 무명옷을 입어라.

(6) 사방 백리에 굶어죽는 사람이 없게 하라.

IMF 금융외환위기가 왔을 때 전국민 금모으기 운동을 제안했던 전 대우그룹 김우중 회장은 과학기술의 중요성을 인식하고, 1992년 아주대와 대우자동차·대우조선·대우중공업 등 대우그룹 12개 사가 산업기술조합 형태의 비영리 사단법인을 만들어 고등기술연구원(IAE)[2)]을 설립하게 했다. 그런데 김 회장은 고등기술연구원(초대원장 정근모) 이름에 '대우'를 넣지 말자고 했다. 그 이유는 "고등기술원은 대우그룹뿐 아니라 대한민국의 모든 산업계가 활용해야 한다"는 것이다. 외환위기 때 대우그룹이 무너졌지만, 아

---

2) 산학연 협력을 활발하게 하고 있는 고등기술연구원은 경기도 용인 백암마을의 대우연수원 인근 부지 924만㎡(당시 도량형으론 280만 평)를 제공하고 지상 10층의 건물을 세워 출범했다.

주대 · 대우재단 · 고등기술연구원은 여전히 건재하다. 그 원동력은 김우중 회장의 사회적 책임의식 덕택이다. 한때 유명했던 인사들이 자신의 이름을 담은 회사나 단체를 설립하는 경우가 많은데, 이러한 이름을 붙인 조직들은 오랫동안 지속가능한 성장을 한 사례가 많지 않다. 조직의 네이밍을 함에 있어서도 이해관계자나 대중적 시각에서 생각하여 단순하고 겸손한 자세를 보여 주는 것이 중요하다.

우리 사회에는 청부에 대한 개념이 희박한 편이다. 부의 축적 과정에 대해서는 별로 문제의식이 없었던 것이 사실이다. 우리 속담에 "개 같이 벌어 정승처럼 써라"는 말이 있다. 오랜 동안 가난하게 살아 온 탓일 것이다. 우리사회는 압축경제성장 과정에서 탈세나 부동산 투기 등으로 큰 부자가 된 사람들이 많았다. 부당하고 깨끗하지 않은 방법으로 부자가 된 것에 대해 별로 부끄러워 하지 않는다. 이러한 이유 등으로 우리국민들은 부자들에 대해 존경심 보다는 혐오하는 마음이 더 큰 편이다. 미국과 한국의 부자를 비교해 보면 미국의 갑부들은 자수성가한 벤처기업인 출신이 많은 반면 우리나라는 경영권 승계에 의한 갑부가 많은 편이다. 미국처럼 부자들이 존경받는 사회가 되도록 만들려면 부의 축적 과정에서도 당당하고 투명해야 한다. 성경(마테오 25장)속에 나오는 탈렌트(6000일에 상당하는 일꾼의 품삯) 비유가 청부의 삶을 격려하는 것으로 묵상한 적이 있다. 다섯 탈렌트와 두 탈렌트를 받은 종은 성실하고 열심히 살아 재산을 두배로 늘렸다. 한 탈렌트를 받은 종은 땅에 묻었다가 그대로 돌려주었지만 질책을 받았다. 재산을 두배로 늘린 종이 하늘나라에 합당한 사람이라는 격려가 오늘날 서구사회를 부자들이 존경받는 사회로 만든 밑거름이 된 것은 아닌지 생각하게 된다. 우리 사회도 청빈과 함께 청부의 삶을 격려하는 사회가 되어 부자들도 존중받는 사회로 발전하기를 기대한다.

19. 고객과 동물을 배려하는 동물원

일본 홋카이도 아사히가와시에는 '아사히야마'라는 동물원이 있다. 이 동물원은 규모는 작지만 관람객과 동물의 배려면에서 세계 최고 수준이다. '아사히야마' 동물원은 지식경영이나 혁신경영 측면에서도 세계 최고이다. 2006년 가을에 이 동물원을 방문해 동물원 원장인 마사오씨와 인터뷰한 적이 있다. 동물원을 돌아 보면서 원장과 사육사들이 고객감동 경영을 하며 동물의 입장에서 동물원을 운영한다는 생각을 하게 되었다.

이때 받은 영감으로 "아사히야마 동물원에서 배우는 창조적 디자인경영"이라는 책을 출간한 적이 있다. 이 동물원은 1967년 일본 홋가이도 아사히가와시의

추운 오지의 열악한 환경에서 설립되었다. 이 동물원은 폐원 위기 속에서 불과 12년 만에 세계 최고 동물원으로 거듭날 수 있었다. 이는 사람과 동물의 배려를 통해 동물원의 본질 가치를 추구하는 체험 동물원이 되었기 때문이다.

이 동물원은 학습조직을 통한 아이디어 공유면에서 탁월하다. 특히 잘 준비된 실패(well intentioned failure)를 격려하고 암묵지를 공유한다. 1980년대부터 매주 실시해 온 학습모임은 아이디어와 배려경영의 산실이며, 조직을 위기에서 구해 낸 일등공신이다. 사육사들은 동물의 특성과 능력을 살린 행동전시 디자인을 통해 새로운 경험 가치를 창출한다. 동물원의 본질이 동물을 통해 생명의 소중함을 시민들에게 전하는 곳이라는 경영철학을 확립하였다. 이를 실현하려고 동물의 입장에서 생각하고 동물의 특징을 고객에게 보여 주려고 끊임없이 노력해 왔다. 예컨대, 오랑우탕이 공중 방사장에서 외줄타기하는 모습을 보여줌으로서 오랑우탕이 사람보다 손 쥐는 힘이 10배 이상 세고, 고소공포증이 없다는 점을 고객에게 알려 주

었다. 또한 동물에게 스트레스를 주는 박물관의 박제식 전시에서 벗어나 동물을 배려하는 행동전시를 통해 고객에게 감동을 준다. 원숭이가 사람과 동등한 눈높이에서 생활하면 스트레스를 받는 점을 고려하여 산을 만들어 높은 데서 사람을 보며 즐기도록 만든다. 펭귄의 특징을 살려 한 겨울에 '펭귄과의 산책' 프로그램을 통해 가족 고객을 창출한다. 통풍이 잘되는 곳을 서식지로 하는 표범을 배려하여 만든 공중 철망우리, 지나 다니는 사람들의 모습을 보며 즐기는 침팬지를 위한 투명 아크릴관 설치 등은 동물과 관람객을 배려하는 대표적 사례이다.

아사히야마 동물원 사람들의 자율적인 혁신조직 문화는 창조경영을 촉진하는 기폭제가 되고 있다. 동물원 원장은 직원들에게 권한과 책임을 위양하여 주인의식을 고취시켰다. 직원들은 게시판 운영 등 사소한 일에서부터 조직의 장기비전 수립에 이르기까지 자율적으로 창의 활동에 적극 참여한다.

철저한 고객 중시 경영은 감동적이기까지 하다. 학습조직을 통해 변화무쌍한 고객의 수요에 맞추어 유연성을 발휘하고 있다. 아사히야마 동물원 사람들은 공무원 신분이지만 고객수요에 맞추어 개장시간이나 폐장시간을 신축적으로 운영한다. 아사히야마 동물원 원장을 인터뷰 하러 갔을 때, 고객이 몰려오자 개장시간을 앞당겨 손님을 맞이하였다. 폐장시간에도 관람하는 사람들이 남아 있으면 30분을 늦추어 문을 닫는다. 입장료 결정에 있어서도 고객을 철저히 분석하고 이해한 상태에서 결정한다. 1회 입장료가 당시 580엔인데 1년짜리 패스는 불과 1,000엔이다. 바보같은 의사결정처럼 보이지만 사람들이 동물원을 일생에

세 번 밖에 방문하지 않는다는 점을 알게 되면 두 번 입장료도 않되는 1,000엔짜리 패스는 비싼 가격이다. 그러나 고객들은 대부분 1회 580엔 짜리 입장료를 사는 것이 아니라 1년짜리 패스를 산다. 이것이 아사히야마 동물원을 적자에서 흑자로 반전시키는 계기가 되었다. 고객을 배려한 가격결정 하나가 기업의 수지를 개선할 뿐만 아니라 입소문을 내는 충성고객을 만들어 내고 있는 것이다. 아사히야마 동물원은 다른 동물원들이 자신을 흉내 내어 행동전시 디자인하는 것을 두려워 하지 않는다. 아사히야마 동물원만의 독특한 조직문화(누까도코)를 바탕으로 고객의 변화하는 환경에 능동적으로 유연하게 대처하여 고객의 본질 가치를 높이기 위한 배려와 혁신 노력을 지속적으로 전개하고 있기 때문이다.

고객을 배려한 가격결정 하나가 기업의 수지를 개선할 뿐만 아니라 입소문을 내는 충성고객을 만들어 내었다. 아사히야마 동물원은 배려경영의 롤 모델이다. 모든 조직과 공동체에서 사람에 대한 배려가 경쟁력과 발전의 원동력이다.

20. 비밀 헌금 속에 숨어있는 배려

단체나 조직을 운영하려면 사람은 물론 돈도 필요하다. 단체나 조직을 운영하는데 필요한 돈을 모으는 방법은 다양하다. 회원의 회비 납부, 일반인을 대상으로 하는 모금, 기업들의 특별 찬조, 정부나 지자체의 보조금 등 다양하다. 1833년 프랑스 파리에서 어려운 이웃을 돕기 위해 젊은이들이 설립한 '성 빈체시오 아 바오로 회'라는 봉사 단체가 있다. 동 봉사 단체의 초기 돈을 모으는 방법은 회합에 참가하는 회원들이 내는 비밀 헌금 형식으로 돈을 갹출하는 것이다. 회합 중에 천으로 된 모금자루를 돌리며 각자 기부할 금액을 모금자루에 넣는 것이다. 회원들은 누가 얼마를 기부하는지 알 수 없도록 한다는 점에서 비밀 헌금이다.

매주 열리는 회합에서 모은 돈으로 주변의 어려운 어린이나 이웃을 돕기 시작한 것이다. 이러한 초대 빈첸시오회의 정신과 전통은 오늘날에도 전세계 빈첸시오회 단체에서 중요한 모금 방법 중의 하나로 사용되고 있다.

비밀 헌금에 담겨져 있는 기본정신은 경제적으로 어려운 회원에 대한 배려이다. 어려운 이웃에 대한 사랑과 열정은 있지만 매주 회비를 낼 수 없는 회원들에게 부담을 주지 않으려는 깊은 뜻이 담겨 있다. 또한 돈이 많다고 자기과시하는 회원들을 규율하여, 겸손하게 봉사하도록 인도하는 의미도 담겨 있다.

오늘날처럼 양극화로 빈부격차가 심화되고 노년과 청년 빈곤이 심화되고 있는 현실에서 공동체 활성화를 위해서는 돈이 없어 활동에 참여하지 못하는 이들을 배려하는 모금방식의 필요하다. 공동체 구성원 누구나 자연스럽게 참여 할 수 있도록 비밀 헌금과 같은 배려하는 모금방식과, 특별한 재원 마련방식이 필요하다. 특별찬조의 경우 소수의 기부자를 구성원들에게 널리 알려 주면 소기의 성과를 거둘 수 있다. 이같은 공개적 모금방식과 비밀 헌금 상식을 병행하면 단체나 조직을 원만히 운영하는데 도움이 될 것이다. 조직이나 단체는 많은 사람이 참여하도록 하는 목적과 사업비를 제때 충분히 모금해야 하는 니즈를 동시에 충족시키야 한다. 오늘날 많은 공동체들이 소수의 기부자 중심으로 운영하다 보니 이벤트성 사업은 많이 추진되는데 회원의 참여가 줄어 들고 있는 이유를 곱씹어 보면 좋겠다. 공동체가 비밀 헌금처럼 구성원을 배려하는 정신으로 운영되도록 힘써야 한다.

21. 자녀에 대한 배려

우리 속담에 '무자식이 상팔자'라는 말이 있다. 옛날이나 지금이나 자녀를 낳아 키우기가 힘든 때문일 것이다. 우리나라의 합계출산율이 2023년 기준으로 0.7로 세계 꼴지 수준이다. 결혼해서 애 낳아 잘 키우기가 힘든 탓에 아예 결혼 자체를 하지 않으려고 하는 젊은이들이 많다. 결혼을 해서 자녀를 키우는 부모가 되더라도 내 자녀를 어떻게 키워야 하는지는 잘 모른다. 부모들도 얼떨결에 자녀들을 키워 보고 나니 손자들이 자라는 것을 보고 나서야 깨닫게 되는 경우가 태반이다. 자녀교육이나 과외를 어느정도 시켜야 하는지도 고민거리이다. 과외를 남들처럼 시켜야 하는지 자녀들이 해 달라고 하는 대로 다 들어 주어야 하는지도 고민거리이다. 직장동료나 친구들은 아이가 유치원을 들어가기 전부터 비싼 영어과외를 시키는데, 내 아이는 어떻게 해야 하는지 비교가 되는 것도 신경쓰인다. 하지만 어느 경우든 부모가 자녀를 진정으로 배려하는 것이 무엇인지는 심각하게 생각해 보아야 한다. 세상에 자녀 대학등록금을 부모가 해결해 주는 나라는 거의 없다. 결혼비용까지 부모가 신경쓰는 나라는 우리나라 뿐이다. 이제 저성장의 시대에 살고 있다. 결핍의 시대에 노후를 대비하려면 모두가 절약해야 한다. 자녀교육에 대한 생각도 바뀌어야 한다. 자녀들이 성실한 마음과 튼튼한 몸으로 타고난 저마다의 소질을 계발하여 스스로 일어설 수 있도록 도와 주어야 한다. 이것이 진정한 자녀에 대한 배려라 생각한다. 그래야 자녀들이 행복하게 잘 살아 갈 수 있다. 서구사회처럼 남를 의식하지 않고 자신이 하고 싶어 하는 일에 몰입할 수 있도록 도와 주어야 어떠한 처지에서든 자녀들이 적응하며 살아 남는다. 인공지능시대의 도래로 오늘의 좋은 일자리는 가까운 미래에 매력 없는 직업으로 바뀌거나 사라질 것이다.

지난 30년 이상 세계적으로 명 강연을 해 온 장애인 존 파피 씨는 어머니의 잦은 유산 때문에 두 팔이 없는 장애아로 태어났다. 엉덩이 관절에 이상이 있었고, 내장에 문제가 있었다. 눈은 초점이 잡히지 않았고, 머리가 한쪽으로 기울어져 있었다. 이런 아들의 모습을 처음 본 순간 어머니는 도망치고 싶은 심정이었다. 하지만 그의 어머니는 장애 아이를 끌어안고서 "우리 아기

에게 두 다리를 주신 것에 감사합니다"라면서 현실을 믿음으로 받아들였다. 그러나 존은 성장하면서 혼자서 할 수 있는 것보다 할 수 없는 것이 더 많다는 사실을 깨달았다. 손이 없으니 글씨도 못 쓰고, 옷도 못 입고, 화장실에서 볼 일도 못 보고, 팔이 없어서 균형을 잡지 못하고, 자주 넘어지고, 넘어지면 손으로 받칠 수 없어서 턱이 깨지고, 생활 할수록 더 큰 고통을 느꼈다. 게다가 혼자 떨어져서 고독감을 느끼면서 '난 아무 것도 할 줄 모르는 놈이구나'라는 생각을 하게 되었고, 패배감에 빠져들어 점차 반항아가 되어 갔다.

이런 존을 본 어머니가 가족회의를 열더니 식구들에게 말했다. "내일 아침부터 더 이상 존을 도와주지 말거라. 옷을 못 입어 학교에 가지 못하더라도 도와주지 말아라. 이제 존은 너희와 똑같은 대우를 받을 것이다." 다음 날 존은 바지 단추를 잠그기 위해 오전 내내 안간힘을 쓰다가 탈진해서 쓰러지고 말았다. 그런 아들의 모습을 지켜 본 어머니는 마음이 아파서 견딜 수 없었지만 '지금 아들을 도와주면 평생 아무것도 할 수 없게 된다'는 생각이 들어서 아들을 도와주지 않았다. 며칠이 지나자 존은 변하기 시작했다. 형제들의 도움에서 독립하려고 혼자서 피나는 노력을 하였다. 발가락으로 머리를 빗고, 면도도 하고, 캔을 따고, 시계를 발목에 차고 다니고, 왼발로 운전대를 잡고 자동차를 운전하고 다녔다. 그가 강연할 때 자주 하는 말이 있다. "인생은 태도에 달려 있다. 마음의 태도에 따라 행동이 결정된다."

존의 어머니처럼 자녀들이 스스로 일어설 수 있도록 도와 주는 것이 진정한 자녀에 대한 배려임을 생각하게 한다.

부모의 눈으로 남들과 비교하지 말고 자녀를 있는 그대로 사랑해 주고 믿어 주며, 그들이 하고 싶어 하는 일을 행복하게 할 수 있도록 자립심을 키워주고 기도해 주는 것이 자녀에 대한 진정한 배려라고 생각한다.

22. 엘리베이터 스피치와 배려

미국의 대학원 MBA 과정에서 벤처기업론 수업을 들을 때의 일이다. 첫 수업시간에 교수님이 모든 학생들에게 학기가 끝나기 전까지 엘리베이터 스피치를 준비하고, 학생들 앞에서 발표하도록 과업을 주었다. 학생들은 발표 후 학생들로부터 평가를 받아야 한다. 학생들의 평가결과는 학점의 일부로 반영하겠다는 것이다. 그런 다음 교수는 엘리베이터 스피치가 무엇이며, 왜 중요한지를 설명해 주었다.

'엘리베이터 스피치Elevator Speech'란, 엘리베이터 안에서 1분 이내에 자신이 구상하고 있는 사업모델을 투자자나 기업의 CEO가 관심을 가질 수 있도록 요점을 말하는 연설법을 의미한다. MBA 공부를 하는 사람들의 주요 고객은 투자자이거나 기업의 CEO 등 고위 경영진이다. 이들은 통상 시간이 없어 만나기가 힘들다. 그래서 젊은 MBA 출신들이 그들을 만날 수 있는 곳은 엘리베이터 안이고, 시간도 1분 정도밖에 없으므로, 이 틈을 이용해서 자신이 생각하고 있는 사업모델을 설명하고, 매력을 느끼도록 만들어야 한다는 것이다. 그들에게 복잡한 사업계획서를 만들어 줘 봤자, 읽어 보지도 않고 쓰레기통에 집어 던지기가 쉽다. 따라서 기업의 의사결정자들이 젊은이들의 사업제안서에 관심을 갖도록 만들어야 하고, 그들이 순간적으로 이야기를 들어본 후 내용에 관심이 있다 싶으면 준비해 준 사업제안서를 나중에 열어 보게 된다는 것이다. 그래서 벤처기업론 수업이 진행되는 한 학기 내내 모든 학생들은 자신들이 영어로 1분간 발표하는 내용을 듣고, 서로 질문도 해가며, 각자의 사업제안서에 호기심을 갖도록 만드는 훈련을 하게 된다.

이러한 엘리베이터 스피치 연습과정을 통해 MBA 출신들은 고객이 누구이고, 그들을 만나서 사업을 추진하기 위해서는 어떠한 태도로 임해야 하는지를 철저히 배우게 된다. 다른 사람들은 우리가 만든 사업제안이나 아이디어에 별로 관심을 보이지 않으며, 시간을 좀처럼 내어주지도 않는다는 현실을 직시하게 된다. 특히 남들이 그저 만나서 우리들의 이야기를 들어줄 수 있는 시간을 내준 것만으로도 크게 감사하게 생각해야 함을 일깨워 준다.

자기사업을 시작하거나 조직이나 공동체내에서 큰 사업을 제안하려는 사람들은 투자자나 의사결정자를 만나는 일이 얼마나 힘든 일인지를 알아야 한다. 단 1분간 만나는 고객이나 투자자에게 강한 인상을 남기는 사업제안법을 배우고, 철저히 준비한 후에 그들을 만나는 습관을 가져야 한다. 그것이 윗사람이나 의사결정자를 배려하는 것이고 자신이 성공하는 길이다.

23. 공짜 점심과 배려

큰 경제위기는 거의 10년마다 오는 것 같다. 경제위기가 오게 되면 많은 기업들이 도산하고 일자리를 잃고 거리를 방황하는 실업자와 노숙인들도 많아지게 된다.

1997년 11월 IMF 금융외환 위기가 발발했을 때도 우리나라 30대 재벌가운데 16개가 사라졌고 많은 근로자들이 일자리를 잃었다. 노숙자 신세로 전락한 이들도 적지 않았다. 서울역과 영등포역 주변에는 종교단체들이 운영하는 무료급식소들이 생겨 났다. 식사 한 끼를 해결하기 위해 역 주변 급식소에는 노숙인들과 급식 봉사자들로 붐볐다. 2008년 글로벌 금융위기 때도 일자리를 잃은 노숙인들이 무료급식소를 찾았다. 2020년 2월 발생한 코로나 사태 이후 거의 모든 영역에서 대면활동이 전면 중단되면서 무료급식소들도 문을 열지 못하게 되었다. 경제적 어려움을 겪는 이웃들이 그래서 더욱 힘들어졌다. 이들은 뒤 늦게 열게 된 명동밥집과 같은 대형 무료급식소로 대거 이동하였다.

무료급식소를 운영하는데는 많은 사람들의 희생과 봉사가 뒷받침되어야 한다. 또한 운영기관의 인적, 물적 지원과 노력이 지속적으로 이루어져야 한다. 무료급식소에서 나누어 주는 식사의 기회비용은 집에서 먹는 밥값보다 훨씬 비싼 것이다. 노숙인이 돈을 내지 않고 먹는다고 해서 무료급식이지 실제는 아주 비싸고 귀한 식사인 것이다. 큰 대기업 회장이 주방에서 직접 조리 봉사를 하는 것을 감안한다면 급식소의 한 끼 식사는 일류호텔 식사값을 능가할 수도 있는 것이다. 대다수 노숙인들도 처음에는 자신들이 많은 사람의 헌신과 봉사로 귀한 식사를 잘 대접받는 것으로 알고 있을 것이다. 감사하고 미안한 마음으로 봉사자들에게 인사를 한다. 많지는 않지만 일부 노숙인은 무료식사를 제공받는 것을 당연시 하는 것 같다. 처음에는 감사하는 마음을 갖던 이들도 반복적으로 이용하다 보면, 일부는 무료급식을 당연한 것으로 여기기 시작하며 무례한 언행을 하기도 한다. 이 때문에 분한 마음이 생겨 봉사 활동을 중단하는 사람들도 있다. 일부 봉사자들의 경우 오랜 기간 봉사를 하다 보면, 겸손함을 잃고 자신을 내세우며 노숙인들에게 상처를 주는 경우도 있다. 봉사자는 어려운 이웃 안에 살아계시는 주님을 모시듯이 어려운 이웃을 섬겨야 한다. 그래야 언제나 기쁨이 샘솟는 참봉사의 맛을 즐길 수 있다.

세상에는 공짜 점심이 없다.(There is no such thing as a free lunch.) 세계적인 경제학자 밀턴 프리드먼이 즐겨 쓰던 표현이다. 어떤 이익을 위해서는 그에 상응하는 대가 내지 기회비용이 발생한다. 노숙자들도 공짜식사를 하는 것이 아니다. 심적 부담도 클 것이고 일할 수 있는 기회비용을 낭비하며 노숙을 하는 것이다. 비록 노숙을 하면서 어쩔 수 없이 한끼 식사를 공짜로 하지만 일자리를 구하려는 노력을 게을리 해서는 안된다. 봉사자나 봉사기관들도 무료식사 제공은 일시적인 것임을 무료급식소를 이용하는 이들에게 인식시키고, 그들의 일자리를 찾아 주는데 더 많은 관심을 기울여야 한다. 봉사하러 오시는 분들 가운데는 일자리를 주선해 줄 수 있는 역량있는 분들이 적지 않다. 무료급식소 운영기관이 잡 코리아와 같은 취업알선기관 등과 협력하는 방안도 있을 것이다

물고기 대신에 낚시하는 법을 가르쳐 주는 것이 노숙인의 자존감을 높여주는 진정한 배려이다.

24. 꿈과 희망을 주는 사회

우리나라는 국민과 미래 세대에게 꿈과 희망을 주는 사회인가? 라고 질문하면 부정적으로 답변하는 이들이 많을 것이다. 몇 가지 통계를 보면 그 이유를 알 수 있다. 우선 합계출산율 통계를 보면 알 수 있다. 합계출산율이란 부부가 합산해서 자녀를 갖는 수를 의미한다. 한나라의 인구가 유지되려면 합계출산율은 2.0이 되어야 한다. 우리나라의 합계출산율은 2023년 기준 0.7에 불과하다. 세계에서 출산율이 가장 낮은 나라이다. 이는 우리나라의 절대 인구가 조만간 감소하기 시작한다는 것을 의미한다. 고령화 사회가 되고 젊은이들이 줄어들면 우리나라는 꿈과 희망이 없는 나라가 되는 것은 시간 문제이다. 또 한가지 지표는

PIR(Price to Income Ratio)로 '부동산 가격 대비 소득 비율'을 의미한다. PIR 지표는 1년간 돈을 벌어서 한 푼도 쓰지 않고 저축하여 집을 사는데 걸리는 년수를 의미한다. 미국 등 서구 선진국가들은 PIR이 8내지10 정도이다. 우리나라는 2023년 기준으로 18정도이다. 중국은 30~40 정도이다. PIR이 18정도라면 돈을 벌어서 세금을 내고 최소한의 생활비 등을 지출한 후 남는 돈을 전액 저축한다고 하면, 집을 마련하는데 적어도 30년 이상이 걸린다는 의미이다. 이는 미래 세대가 집 사는 것을 포기하고 살아야 한다는 의미이다. 그리고 우리나라의 낮은 경제 성장율은 일자리 기회가 그만큼 줄어 든다는 것을 의미한다. 더욱이 코로나 사태 이후 세계 경제는 더욱 암울한 상황으로 치닫고 있다. 우리사회의 높은 자살율, 양극화의 심화와 OECD 회원국 가운데 최고 수준의 노인 빈곤율과 가계부채 비율 등을 고려할 때 국민이 희망과 꿈을 갖기에는 매우 열악한 상황이다.

1960년대 우리나라는 1인당 국민소득이 100달러대에 불과했다. 하지만 우리 모두는 꿈과 희망이 있었다. 그 결과 한강의 기적을 이루어 냈다. 오늘날 우리는 1인당 국민소득 3만불 시대에 살고 있지만, 꿈과 희망을 잃어 가고 있다. 이는 우리 사회 지도층의 리더십에 문제가 있음을 시사하는 것이라 생각한다.

지도층이라면 국민이 어렵고 힘들어 할 때 국민의 고통에 함께하고 고통분담에 솔선해야 한다고 믿기 때문이다. 또한 국가적 비전을 수립하여 전 국민이 이를 공유하고 이를 실현하기 위해 온 국민이 함께 해야 한다. 그래야 국민 각자가 꿈과 희망을 갖고 자신의 영역에서 최선을 다해 살아갈 수 있다. 국가는 기존의 모든 패러다임과 정책을 바꾸어야 한다. 정부는 작지만 효율적이고 강한 정부를 만드는데 진력해야 한다. 규제의 틀을 네거티브 방식(원칙자유 예외 규제)으로 전환하고 교육시스템 또한 인공지능시대에 걸맞게 혁신해야 한다. 계열분리제를 개선하여 이공계 학생들도 인문학적 소양을 갖출 수 있도록 도와 주어야 한다. 인성교육의 중요성을 강조하는 기업인에게 유수 대학의 철학교수가 한 답변은 시사하는 바가 크다. "학교에서 한 과목을 가르치라면 체육을 가르치고, 두 과목을 가르치라면 수학을 추가하고, 세 과목을 가르치라면 국어를 추가로 가르치겠다"고 말하였다. 지·덕·체 교육이 중요하다. 손흥민은 유럽 최고의 축구 선수로서 뿐만 아니라 최고의 인성과 리더십을 지닌 영국 토트넘 축구팀의 주장으로도 칭송받고 있다. 그는 매사에 최선을 다하고 자신보다 팀과 동료를 우선시하며 약자와 어려운 이웃을 배려한다. 그는 비록 젊지만 우리시대의 롤 모델이다.

부동산 정책에 대한 정부의 시장 개입도 최소화하고 미래 세대와 서민층의 주택공급 정책 이외에는 가급적 시장 자율에 맡겨 해결하는 것이 바람직하다. 그리고 부동산가격 대비 소득비율을 나타내는 PIR 지수는 선진국 수준으로 계속 낮추어 가야 미래 세대가 집을 사고 결혼과 자녀에 대한 희망을 가질 수 있다. 그래야 'N포세대'라는 신조어가 우리 사회에서 사라질 수 있다.

노인 빈곤문제 해결에 정부가 적극 나서야 한다. 이를 위해서 연금지급체계는 단순화하되, 65세이상 모든 국민연금 가입대상자였던 노인들에게 최소한도의 연금을 지급할 필요가 있다. 노인 인구중 국민연금에 가입하지 않은 분들도 거의 50%에 달하며, 국민연금을 받는 경우에도 수령액은 평균 60만원대에 불과하다. 노인들이 최소한의 자존감을 살리며 살아갈 수 있도록 만들어 주면서 그들의 일자리 창출에 대해 고민해야 한다.

큰 돈을 들이지 않더라도 국민에게 꿈과 희망을 줄 수 있는 길은 얼마든지 있다. 돈으로만 모든 것을 해결하려는 지도자는 국민에게 꿈과 희망을 줄 수가 없다. 오히려 고통과 절망만 줄 뿐이다.

25. 공동체 살리기

공동체는 살아있는 생명체와 같다. 공동체도 탄생하고 성장기를 거쳐 성숙기에 도달한다. 그 다음 정체기를 거쳐 다시 도약하기도 하지만 대부분 쇠퇴기를 거쳐 소멸하게 된다. 우리는 다양한 공동체에 속해 살아 간다. 가정. 학교. 지역사회 봉사 단체 그리고 종교 공동체와 국가공동체 등에 속해 있다. 우리 사회는 개인주의가 발달하고 사회구성원들이 아파트와 소셜 미디어 속 고립된 공간에서 혼자서 즐기는 시간이 늘어나면서 공동체 내의 연대의식이 점차 약화되고 있다. 특히 3년간의 코로나 사태로 세상과 격리된 채 비대면으로 살아가는 것에 익숙해진 탓에 거의 모든 공동체가 활력을 잃었다.

공동체 가운데 가장 취약해지고 있는 곳이 가정과 교회공동체라는 생각이 든다. 가정과 교회공동체의 핵심가치이자 공동체 정신인 사랑과 배려가 사라지고 있다. 이기주의와 물질 만능주의가 만연하면서 전통적인 가정과 교회공동체의 모습이 사라지고 있다는 느낌이 든다. 아파트와 각종 건축물들은 높아지고 화려해지는데 가족공동체는 쇠락의 길을 걷는 것 같아 안타깝다. 1인 가구가 늘어나고 있다. 2022년 기준으로 1인 가구는 750만 가구를 넘어섰으며 전체 가구의 34.5%가 1인 가구이다. 이혼가정과 졸혼가정도 늘고 있다. 교회도 건물은 웅장하고 화려해지고 있는데 예배나 미사에 참례하는 인원은 매년 줄어들고 있다. 이러한 시대적 변화가 교회위기론과 건물없는 교회운동을 촉발하는 계기가 된 것으로 보인다. 공동체 약화 현상은 거의 모든 공동체에서 나타나고 있는 모습이다.

고교동문 포럼을 18년째 매월 운영해 오고 있는데 동문포럼에 참여하는 회원수도 점차 줄어드는 현상은 마찬가지이다.

우리사회에서 공동체가 정체되고 쇠락의 길로 빠져드는 데는 나름의 이유가 있어 보인다. 우선 공동체가 공동체 정신과 핵심가치를 살려 보람있고 의미있게 운영되지 못하고 있다. 많은 공동체의 사업이나 활동을 들여다 보면 본질적인 사업은 없고 남들에게 보여 주기식의 과시성 행사와 이벤트 중심으로 꾸려 간다는 느낌이 든다. 그리고 공동체가 소위 출세하고 돈 많은 사람 중심으로 운영되고 있거나, 회장단의 친소관계에 따라 운영되는 경우가 많다. 공동체 안에서의 대우도 편향적이고 끼리끼리 논다는 인상을 주고 있다. 실제로 공동체 활동을 하는 분들 가운데, 그러한 불만을 토로하는 이들이 많다. 요즘처럼 공동체 사업이나 활동을 화려한 행사 위주로 추진하게 되면 행사를 위한 돈을 모으는데 기여하는 회원들을 우대하게 된다. 이러한 행사나 이벤트 위주의 공동체 운영은 핵심가치와 공동체 정신을 구현할 수 없게 만든다. 이런 것이 누적되다 보면 공동체는 존재의의를 상실하고 만다. 더구나 이벤트 중심 사업은 집행부의 자족감을 높이는데는 기여할지 모르겠지만 대다수 회원이나 신도들은 소외감만 느끼게 된다. 화려한 이벤트성 행사를 자신들의 공적으로 내세우게 되면 회원들의 성취감과 행복감은 기대할 수 없게 되는 것이다. 리더들이 할 일은 공동체의 미션과 비전 그리고 목표와 공유가치(Shared value)를 구성원들과 공유하고 이를 실천하는데 힘쓰는 것이다.

공동체 지도자들의 자질과 리더십도 문제가 있어 보인다. 공동체에 헌신하고 봉사하려는 자세보다는 공동체를 자신들의 명예욕구를 충족시키는 수단으로 이용한다는 생각이 들 때가 많다. 공동체를 사조직처럼 운영하거나 권위적으로 운영하려는 경향이 강하다는 느낌이다. 민주적 리더십 역량이 부족한 데다가 소통능력까지 떨어져 공동체에서 함께하려는 구성원들에게 분심이 들게 만든다. 자신을 따르는 소수의 회원이나 신도들을 중심으로 조직을 운영하게 되면 회원이나 사도들은 소외감을 느껴 공동체를 떠나가게 된다.

우리사회에서 공동체를 살리기 위해서는 헌신하고 봉사하는 지도자를 잘 모시는 것이 중요하다. 그리고 지도자는 공동체 정신과 공유가치를 회원 등과 공유하고 확산하며, 회원들이 자발적으로 공동체운영에 동참할 수 있는 환경을 만들어 가야 한다. 공동체 지도자는 공사 구분은 물론, 투명성 제고와 함께 자신을 비우고 공동체 정신에 철저해야 한다.

26. 횡단보도 옆 그늘막

서울시내에는 몇 년 전부터 횡단보도 건널목에 그늘막(파라솔)이 세워지기 시작했다. 갑작스런 소나기를 만나 그곳에서 몇 차례 비를 피한 적이 있다. 산책을 좋아하다 보니 햇볕이 내려 쬐는 한 여름에는 신호대기 중에 잠시 햇볕을 피해 쉬기도 한다. 눈비가 올 때 횡단보도옆 그늘막은 서울시 공무원들의 시민을 배려하는 마음과 정성을 느끼게 만든다. 초기의 그늘막은 여름철에 설치했다가 가을에 철거했다. 이제는 일년내내 그 자리에 세워 놓았다. 계절에 관계없이 눈비가 올 때, 우산처럼 언제든 펼쳐 사용할 수 있다. 공무원들의 시민을 배려하는 디자인 감각과 창의성이 놀랍다. "디자인은 인간의 영혼과 같은 것이다."라고 말한 애플의 창업자 스티브 잡스의 발언이 연상된다.

우리나라를 방문하는 외국인들이 놀라워 하는 것들이 많지만, 그 가운데 하나는 시내 도로 횡단보도 옆에 설치된 우산모양의 그늘막(파라솔)이다. 이러한 창의적인 행정서비스의 제공은 시민들을 안심하게 만들고 행복감을 갖게 한다. 원래 그늘막은 골프장에서 골퍼들이 몇 홀마다 잠시 쉬어 가며, 다음 홀로 이동할 수 있도록 만들어진 공간이다. 이는 농촌의 원두막 등과도 유사한 기능을 한다. 당초 골퍼나 농민들을 위한 시설이다. 그늘막이 대도시 시민들을 위한 배려의 공간으로 거듭나게 된 것이 놀랍다. 우리나라 도심 건널목의 그늘막은 이제 세계의 많은 나라들이 따라 할 것으로 생각된다. 그늘막과 같이 시민을 배려하는 시설이나 도구들은 도심에 많이 늘어 나고 있다. 버스 정류장에 설치된 교통흐름과 일기예보를 안내해 주는 표지판, 인도변과 정류장에 설치된 쉼터와 벤치, 휴대폰 사용자를 위한 건널목 도로변 바닥에 설치된 신호표지 등도 세상을 놀라게 할 만한 것들이다. 서울시의 시민을 배려하는 공공시설들이 외국인들을 서울로 서울로 몰려 들게 만들고 있다. 배려가 경쟁력이라는 생각이 든다.

27. 서울역의 변신

서울역의 변신이 놀랍다. 20년전 만 해도 서울역은 지방으로 나들이하거나 지방에서 올라오는 손님을 맞이하러 갈 때나 방문하는 곳으로 여겨졌다. 손님맞이도 개찰구 밖에서 기다렸다. 오늘날은 열차를 타고 내리는 플렛폼까지 나가서 기다리다가 손님을 맞이 할 수 있다.

서울역 역사의 모습도 많이 바뀌었다. 과거와 달리 요즘의 서울역은 아주 많은 사람이 모여드는 화려한 곳이다. 기차를 타거나 손님을 맞이하러 나오는 사람들은 물론이고 서울역사 안에 있는 커피숍, 식당 회의실과 백화점 등 다양한 용무가 있어 모여드는 인파로 북적인다. 정부청사가 세종시로 옮겨 가면서 광화문

청사 등에서 열리던 자문회의가 서울역 회의실에서 많이 열리게 되면서 한때 회의 참석차 자주 가던 곳이다. 봉사 단체 전국모임이나 지방 기업인과의 만남도 서울역사 회의실이나 커피숍에서 갖게 된다. 주말 아침 외식할 곳이 없을 때도 아내와 함께 역사내 식당가에서 식사와 차를 마시며 기차여행을 떠나는 이들을 보며 즐기기도 한다. 여행을 떠나고 싶을때 서울역을 찾아 지인들과 담소를 즐기기도 한다.

과거엔 저녁이면 어두침침했던 역사가 요즘엔 광고 네온 사인과 역사내 입주한 상가의 불빛으로 호화 찬란하다. 이같이 많은 인파로 붐비는 서울역사에 철도 공사 직원은 거의 찾아 보기 힘들다. 소수의 역무원으로도 서울역사가 원활하게 돌아갈 수 있는 힘은 무엇일까? 잘 발달된 정보통신 기반 위에 개방적인 플렛폼 운영능력이 향상되었기 때문이라고 생각한다. 과거 역무원들이 하던 역할은 철도 이용객이나 회의실 이용자들이 인터넷 등을 활용해 스스로가 해낸다. 역사내 입주한 상가들은 주어진 규칙에 따라 매장을 오픈하고 손님을 맞이하면 되는 것이다. 역사 내에서 벌어지는 일에 대한 책임도 각자가 지면 되는 것이다. 철도회사측은 플렛폼을 이용하는 사람들이 지켜야 할 최소한의 규칙만 정하고 그들은 안전과 질서유지 등에만 역량을 집중하면 되는 것이다.

고객을 배려하며 수익을 창출하고 비용절약에도 솔선수범하는 철도청의 플렛폼 운영능력에 감사한다. 플렛폼적 사고의 중심에는 배려의 정신이 있다.

28. 인도 없는 지방도로와 배려

옛날 시골 가로수길은 신작로나 행길이라고도 불렀다. 그 당시에는 오가는 차량이 거의 없었기 때문에 인도나 우마차도라고 해야 더 맞을 것 같다. 우리 고향에는 차량이라고는 하루 시외버스 서 너대가 오가 가는 것이 전부였다. 경제 발전으로 유동인구가 많아지고 대중교통과 자가용 차량이 늘어나면서 지방도로에도 아스팔트 포장이 이루어지고 차량 이동 또한 늘어났다. 이 과정에서 지자체와 중앙정부는 지방도로에 인도를 별도로 설치하는 것을 놓쳤던 것 같다. 아마도 재정이 부족한 가운데 짧은 기간에 많은 지방도로를 포장하여 성과를 내고 싶었을 것으로 짐작된다.

과거 시골길은 흙길이었지만 길 양편에 가로수가

있어 걸어 다니기 좋았다. 학교에 통학할 때는 걸어서 가거나 자전거를 타고 다녔다. 가을철 행길은 고추나 벼를 말리는 동네 앞마당과 같은 역할을 하였다. 새참이 나오면 행길가에 둘러 앉아 식사를 했다. 당시 시골길은 찻길이 아니라 인도나 자전거길과 마찬가지였다. 교통사고 걱정이 없었다. 경제 발전으로 잘 살게 되면서 자가용을 이용해 생활하는 것이 일상화되자 시골길은 자가용이 다니는 길로 바뀌었고 사람이 자유롭게 걸어 다니는 보행로는 사라졌다. 2000년대 들어 고향 어르신 가운데, 찻길을 걷다가 교통사고로 다치거나 돌아가신 분들이 적지 않다.

오늘날 서울과 지방의 차이점 가운데 하나는 도로변에 인도가 있는 것과 없는 것이다. 몇 년전 안식월을 맞이한 화가 아내를 따라 남쪽 해안지방에서 며칠간 체류한 적이 있다. 게스트하우스에서 몇 백 미터만 걸어가면 맛집이 있다고 하길래, 아내와 함께 도로를 따라 식당까지 걸어가다가 속도를 내며 달려가는 트럭과 승용차에 치일까 봐, 가슴을 졸인 적이 있다. 식사는 맛있게 하였지만 숙소에 돌아갈 일이 걱정이었다. 불과 몇백미터 거리인데 택시를 부를 수도 없고, 걸어서 돌아갈 수 있는 우회도로를 물어 보니 달리 대안도 없었다. 한참을 망설이다가 다시 걸어올 수 밖에 없었다. 차들이 자나갈 때는 길 가장자리에 비켜 섰다가 건널목 신호등이 바뀌는 동안 차들이 없는 순간에 도로를 따라 잽싸게 이동하고 차들이 다가오면 비켜서기를 반복하면서 숙소에 가까스로 돌아왔다.

이러한 인도 없는 지방 도로변을 걷고난 후 많은 생각을 했다. 우선 나이들어서 차 운전하기 싫어하는 사람들은 지방에 내려와 살면 안되겠구나 하는 생각을 하게 되었다. 정치인들에게 지역주민을 배려하는 마음이 다소 부족했던 것 같다. 산업화 시대에 적은 예산으로 도로포장을 서두르다 보니 기존의 시골도로가 지역주민의 중요한 인도 겸 산책로의 역할을 하고 있었음을 미처 고려하지 못했던 것 같다. 또한 지방을 살기 좋게 만들기 위해 많은 기업과 인력을 유치하려는 지자체는 사람에 대한 배려가 우선이고 그러한 신뢰의 하나로 인도가 있는 도로를 만드는 것이라고 생각한다.

젊은 시절 대학로 근처에서 학창시절을 보냈던 80대 지인이 은퇴 후 한적한 교외에서 지내다가 오랜만에 대학로에 와 보니 인도가 잘 되어 있어 노년에 산책하며 살기 좋을 것 같다고 하신다. 인구가 감소하는 시골에 대도시 사람들이 이주해서 산책하며 노후의 삶을 즐기게 하려면, 대도시의 도로변 인도처럼 사람이 걸어 다닐 수 있는 길을 만들어 주어야 한다. 차가 도로변을 무섭게 달리는데 어떻게 집밖을 나와 걸어 다닐 수 있겠는가? 지역균형발전 정책도 좋지만 지방 주민에 대한 배려하는 인도가 있는 도로를 건설하는 정책 하나만이라도 제대로 시행해 주면 좋겠다. 그래야 도시민의 마음이 움직여서 지방살이를 고려해 볼 수 있을 것 같다.

2023

29. 사회적 약자를 배려하는 유니버설 디자인

노인이나 어린이 장애인 등 사회적 약자가 집안에서 사고로 인해 입게 되는 인명 피해와 경제적 손실이 매우 심각하다. 90대 아버지도 80대 후반 이후 몇 차례 집안에서 넘어 지면서 세 차례 수술을 받고 결국은 움직일 수 없어 요양병원에서 1년째 고독하게 지내고 계신다. 많은 병원비는 물론 매주 가족이 교대로 문병을 다녀오게 되면서 많은 부담이 증가하고 있다. 이러한 사정은 거의 모든 집안에서 벌어지고 있는 일이다.

유니버설 디자인은 모든 사람이 장애 유무나 연령에 관계없이 제품, 건축, 환경, 서비스 등을 편리하게 이용할 수 있는 보편적인 디자인이다. 우리나라는 국가차원의 유니버설 디자인 정책은 아직 미흡한 수준이다. 산업통상부 중심의 제품 디자인 관점에서 유니버설 디자인 정책을 강구해 오다가 서울시 등 일부 지자체가 관심을 보이고 있다. 유니버설 디자인은 1990년 미국의 로날드 메이스씨가 제창한 디자인 개념이다. 유니버설 디자인은 문화, 언어, 국적, 연령, 성별의 차이, 장애와 능력에 관계없이 누구라도 이용하기 쉬운 시설, 제품, 정보의 디자인이다. 유엔미래보고서 2040에 따르면, 미래사회 메가트렌드의 하나이다. 고령화(Aging)시대에 대비하기 위해서는 국가차원의 유니버설 디자인 정책이 중요하다. 이것은 장애인과 고연령자 등 '약자'의 장벽을 없애는 사고방식이다. 다양한 사람들이 살아가는 오늘날 일본에서는 '모든 사람들'을 대상으로 하는 유니버설 디자인이라는 개념이 확대 적용되어 가고 있다. 예를 들어, 일본의 공공시설 어디에서나 볼 수 있는 슬로프와 자동문은 휠체어이용자 뿐만 아니라 허리와 다리가 불편한 분들과 유모차 이용자에게도 편리한 설비로 유니버설 디자인 개념을 확대 적용한 것이다. 우리나라에서도 서울시를 비롯한 대도시를 중심으로 일본 유형의 유니버설 디자인 개념을 확대 적용하고 있다. 하지만 이는 아직 초보 수준이며 전통가옥이 많은 지역에서는 사회적 약자를 위한 디자인 개념이 확대 적용되기 어렵다.

유니버설 디자인으로 계단없는 건물, 문턱없는 바닥, 고령인구나 장애인 등이 끌고 다닐 휠체어가 어디든지 들어갈 수 있는 아파트 구조 등이 향후 계획되고 있다. 도로나, 빌딩 등을 유니버설 디자인으로 설계하여야 고령자 등이 건강한 노후생활을 영위할 수 있다. 고령사회가 되면 각종 간판이나 홍보물도 큰 글씨로 써야 한다. 가로등도 더 밝게 하고, 건널목을 건너는 시간도 길게 해야 한다. 각종 안내방송은 소리를 더 키워야 하는 등 고령사회에 맞는 사회시스템 변화가 필요하다. 이것이 유니버설 디자인 개념이고 국가가 국민에게 해야 할 배려해야 할 디자인 정책이다.

유니버설 디자인
2023

30. 배려와 행정편의주의

세계 80억명의 인구 가운데 똑같은 사람은 하나도 없다. 쌍둥이들 조차도 똑같지가 않다. 사람들의 손발만 해도 똑같은 사람은 하나도 없다. 손발이 긴 사람과 짧은 사람이 있다. 손발이 얇은 사람이 있는가 하면 두툼한 사람도 있다. 손발가락이 길고 짧은 사람과 가늘거나 굵은 사람이 있다. 그런가 하면 특정한 손발가락이 길거나 짧은 사람도 있다. 천태만상이다.

현대에 들어 대량생산이 가능해지면서 신발이나 장갑도 대량생산하여 판매하다 보니, 사람들은 규격화된 제품을 사서 쓰게 된다. 자신의 손발에 맞는 구두나 장갑을 사용하는 사람은 많지 않다. 이로 인해 기업들은 많은 돈을 벌게 되었지만, 표준화된 제품에 자신의 손발이 맞지 않는 사람들은 불편함을 감수하거나 주문형 제품을 사용하기도 한다. 대부분의 사람은 자신의 손발 사이즈에 비슷한 제품을 사용한다.

종로5가에는 유명한 수제 구두점이 있다. 이곳에는 자신에게 맞지 않는 구두를 오랫동안 신어 발이 망가져 걸음을 제대로 걸을 수 없는 사람들로 붐빈다. 이 수제화점의 구두를 신고 발병을 고친 지인들도 많다. 요즘에 맨발로 흙길을 걷는 어씽(earthing)이 유행하는 것도 규격화된 구두를 사용한 발병환자들이 많은 것과 무관하지 않다.

매월 3번 정도 발달장애인 공동체 모임에 참여하면서 발달장애인들 또한 장애 상태가 똑같은 사람이 거의 없다는 사실도 알게 되었다. 대다수 장애인의 경우, 외형상 장애 모습이 비슷할 뿐이지 불편함의 정도는 개인차가 크다. 복지사각지대와 관련된 뉴스를 접하다 보면 행정편의를 탓하는 기사가 많다. 이는 사회복지공동체나 조직 안에서 전체 구성원이나 대상자의 특성을 고려한 맞춤형 서비스를 제공하지 못하고, 획일화된 메뉴얼이나 업무규정 대로만 일 처리하는 관행 때문에 생기는 병폐라고 할 수 있다.

규격화된 구두를 신게 만드는 것이나 공조직의 획일적인 행정서비스는 공동체를 병들게 하기는 마찬가지이다. 작은 조직이나 공동체보다는 거대 공조직일수록 이러한 행정편의주의가 더 심하다. 이는 감독기관이 많고 감독업무가 업무규정 등을 준수하는지 여부만 중시하기 때문에, 현장의 특성을 감안한 유연한 일처리의 여지가 그만큼 적기 때문이라고 생각한다. 효율을 중시하는 현대사회에서 고객맞춤형 서비스를 제공하며 기성품같은 규격화된 서비스를 획일적으로 제공하는 것은 기업들의 고민일 뿐만 아니라 모든 공동체의 숙제이다.

2000년대 초 삼성전자와 같은 대기업들은 매스 커스터마이제이션(Mass-Custermization) 라는 신조어를 만들어 가며 맞춤형 대량생산에 심혈을 기울여 왔다. 하지만 정부나 공조직은 일제 강점기 때 만든 규정이나 매뉴얼을 조금씩 고쳐 가며 획일적이고 틀에 박힌 행정서비스를 제공해 오고 있다. 이러한 행정편의적인 서비스 제공은 많은 국민과 서비스 이용자들에게 불편함을 주기도 하고, 차별대우를 받는다는 느낌이 들게 한다. 이들 공조직에서 정책자문을 하는 전문가들도 이러한 공조직의 문화에 물들어 있는 사람들이 많다.

공조직이나 봉사 단체 조차 행정편의적인 서비스 제공이나 일처리에 익숙하다. 공동체에서 서로 상처를 주고받는 일들이 많이 발생하는 것도 행정편의적 사고와 일처리에서 기인하는 경우가 많다.

예컨대. 어려운 이웃을 도와주는 단체에서 어떠한 대상자를 돕자고 제안이 들어 오는 경우가 있다. 이들 단체에서 행정업무를 담당하는 사람이나 책임자들은 돌봐 주어야 할 대상자의 고통이나 처지에서 생각하기 보다는, 의사결정자의 의지와 규정이나 회칙의 조문과 사업 계획만 따지며 부정적인 반응을 나타내는 경우가 많다. 공동체의 근본정신과 거리가 먼 일 처리가 공공연히 이루어진다. 착한 사마리아인처럼 조건없이 어려운 이웃을 돌보는 봉사 단체는 찾아보기 힘들다. 이로 인해 공동체를 떠나는 봉사자들이 적지 않다.

행정편의주의는 배려와 거리가 먼 말이고 공동체의

발전을 어렵게 하는 암적인 요소이다. 또한 공동체 구성원의 무성의와 배신감을 불러 일으키며 열정적인 이들의 조직이탈을 초래하는 요인이 된다. 행정편의적인 조직이나 공동체에는 지시와 눈치만 살피고 주인의식을 약하게 하고 인간미도 사라지게 만든다. 행정편의주에 맛들면 평균적인 사고로 다양한 이해관계자들을 획일적으로 재단하게 된다. 이런 공동체나 조직은 배려심이 없어 오래가지 못한다.

공동체나 조직에서 규칙이나 메뉴얼은 필요하지만 그것은 행정적 필요에 의해 내부 구성원에게만 적용해야 할 내용들이 대부분이다. 그래서 내부규정이나 매뉴얼은 공동체가 서비스를 제공해야 할 고객이나 대상자에게 그대로 적용해서는 안된다. 업무담당자들은 내부규칙이나 매뉴얼을 넘어서서 공동체가 지향하는 근본정신을 살리려는 마음으로 임해야 한다. 그래야 행정편의주의를 넘어 배려하는 공동체를 만들수 있다.

공직자나 정치인들은 법이나 규칙과 규정 등을 만들때 포지티브시스템(원칙금지 예외허용) 방식을 피해야 한다. 모든 행위는 원칙적으로 각 경제주체들이 자유롭게 선택하여 추진할 수 있도록 해야 하며 공익 차원에서 규제가 불가피한 경우에도 예외적으로 최소한의 규제만 하는 것을 원칙으로 해야한다.

공동체 구성원의 삶의 터전은 계속 변화한다. 뒷북만 치는 규제로는 변화하는 현장의 소리를 반영하는 정책을 추진할 수 없다. 직접적인 규제 대신에 플렛폼 정신에 입각하여 각자가 알아서 하게 하고 구성원들이 반드시 함께 지켜야 하는 최소한의 규칙만 정하는 것이 바람직하다. 그래야 공동체 구성원 모두가 소외되거나 불이익을 받지 않고 창의적으로 활동할 수 있게 된다.

규격화된 구두나 신발이 발병의 원인이 되듯이, 규격화시키는 공조직의 행정편의주의가 공동체 구성원들의 창의성과 배려심을 고갈시키고, 공동체와 공조직을 병들게 하는 한 원인임을 잊지 말아야 한다.

31. 사회적 약자를 위한 정책 개선운동

우리나라의 어려운 이웃이나 사회적 약자를 위한 봉사 활동이나 사업은 모금활동을 통해 어려운 이웃을 물질적으로 도와주거나 요양원등 사회복지기관을 통해 장애인 등 사회적 약자를 돌보는 사업을 주로 해오고 있다고 해도 과언이 아니다.

하지만 세계적 봉사조직이나 단체에서 강조하고 있는 사업방식 중 하나는 사회적 약자를 위한 그들의 이익이나 권리를 옹호하거나 대변하는 사업(Voice for Voiceless)이다. 세계적인 봉사조직이 말하는 사회적 약자는 자기 목소리를 내지 못하는 모든 소외계층이나 개인 등을 망라한다.

오늘날 세상은 몇몇 이익단체나 전문가 그룹의 목

소리가 크고 그들의 이익을 챙기려는 경향이 강하다. 그래서 사회적 약자를 지원하는 정책이나 제도에는 허점이 있고, 이로 인해 사회복지정책에는 사각지대가 많다는 비판의 목소리가 나오는 것이다.

국제적인 사회복지조직의 하나인 노인권익을 옹호하는 사업을 추진하는 헬프에이지 한국법인에서 오랜 기간 의사결정 과정에 참여한 경험이 있어, 약자들의 이익대변활동에 관심이 많다. 또한 세계적인 봉사조직인 빈첸시오회에서도 사회적 약자의 이익대변 사업을 강조하기 시작했다. 이 단체에서 오랜 기간 현장봉사경험 등을 살려 사회적 약자를 위한 이익대변을 추진하고 싶은 생각이 있었다. 사람들은 봉사는 시간이 많거나 돈이 많은 사람들이 하는 것으로 알고 있고 많은 경우 틀린 말은 아니다. 하지만 사회적 약자의 이익대변사업은 정책연구나 법률 전문가와 같은 지식인들이 약자의 목소리를 대변하는 역할을 할 수 있는 좋은 봉사가 될 수 있다. 이러한 봉사에는 많은 시간과 비용이 필요치 않다. 인터넷 공간에서 많은 전문가들간에 협력도 가능하다.

봉사 활동과 관련해서는 외부 공모사업이 많다. 마

침 종교기관의 공모사업이 있어 신청했더니 창의적이고 사회적 약자를 위한 좋은 사업계획으로 평가를 받아 사업을 추진하게 되었다. 2015년말 공모사업에 참여하여 사업예산을 확보한 후 사업팀을 구성하였고 1년간 사업을 추진하였다. 다양한 주제별로 현장의 목소리를 듣고 이를 토대로 정책제안서를 작성하였다. 동 보고서는 국회 등을 방문하여 직접 전달하였다.

여론화와 정책반영을 위해 정책입안자와 지자체 관계자들을 초청하여 세미나를 개최하였다. 사례발표는 사례가 관련된 공동체나 조직의 장이 직접 발표하도록 하였다. 세미나는 방송매체 등을 통해 홍보하는 한편 사례들은 매주 하나씩 특집형식으로 신문에 기고하였다. 이같은 사업 추진결과로 건의사항들은 정책에 많이 반영되고 있다. 이러한 사회적 약자의 이익대변 사업은 앞으로 사회적 약자를 배려하는 차원에서 많이 추진되면 좋겠다.

32. 투명성과 비밀유지

투명하게 공개하는 것과 비밀유지는 서로 모순되는 관계인 것 같지만 배려의 정신이 담겨 있다는 점에서는 닮았다. 투자자나 기부자 입장에서 보면 자신들이 속해있는 단체나 조직의 재산상에 중대한 변화를 가져 올지도 모르는 계약 체결이나 자금지출에 대해서는 알아야 할 권리가 있다. 단체나 공동체의 업무를 수행하는 대리인 입장에서는 보고할 의무가 있다. 설령 보고의무가 없더 하더라도 투자자나 기부자에게 돈의 흐름을 투명하게 공개하는 것은 그들을 배려하는 것이다. 그렇게 하면 앞으로 지속적인 투자나 기부에도 기여하게 될 것이다. 회비나 기부금의 내역을 회보나 결산서를 통해 주기적으로 소상히 공개하는 것은 공동체나 단체의 신뢰도를 높이고 모금활동을 활성화하는 데도 큰 도움이 된다.

비밀유지는 계약체결이나 자금집행에 대한 권한이 있는 분들의 의사결정이 있기 까지는 구성원이나 일반에게 공개하지 말라는 의미가 담겨 있다. 의사결정자 측면에서 보면 이 또한 투자자나 기부자를 배려하는 것이다. 다만 자선단체나 봉사 단체라면 도움을 받는 수혜자들의 명단이나 지원내용을 공개하지 않는 것은 사회적 약자인 수혜자의 자존감을 살려 주고 그들의 프라이버시를 보호해 주려는 배려의 정신이 담겨 있는 것이다.

어려운 이웃은 경제적으로는 부족한 부분이 있지만 인격적으로는 존경할 만한 사람들이 많다. 그들의 자존감은 물질적으로 풍요로운 사람들 만큼이나 높다. 그들이 일시적으로 경제적 도움을 받는다고 해서 그들의 명단과 지원내용이 공동체에 노출되는 경우 그들은 큰 상처를 받게 된다. 어느 경우든 도움을 받는 분들의 명단과 지원내용의 유출은 막아야 한다. 그들이 남들로 부터 도움을 받는다는 사실이 공동체에 알려지게 되면 그들은 봉사자들과 거리를 두게 되고 도움도 사절하며 종국에는 공동체를 떠나게 된다. 이웃사랑 실천을 통해 아름다운 공동체를 구현 하려는 단체의 숭고한 뜻과 다르게, 그들은 어려운 이웃을 더욱 굴욕적인 처지로 내몰게 되는 것이다.

어려운 이웃을 위해 봉사하는 세계적인 봉사 단체인 빈첸시오회는 1833년 파리에서 설립된 이래 가장 중요시하는 활동 규칙중 하나가 어려운 이웃에 대한 비밀을 지켜 주는 것이다. 그들에 대한 지원내용은 물론 그들과 나눈 대화를 외부에 알리지 않는다. 하지만 이러한 규칙에도 불구하고 부주의한 활동회원들이 수혜자에 대한 소식을 외부에 알려 당사자들이 불쾌하게 생각하며 항의하는 사례도 때때로 발생한다. 심지어 자신의 치부가 공동체에 알려져 봉사 단체와 인연을 끊고 공동체를 떠나는 사례도 발생한다. 이와 같이 봉사 단체의 대상자 비밀유지 문제는 감독기관과의 마찰의 원인이 되기도 한다 감독기관의 입장에서는 당연히 알아야 하기 때문에 대상자를 공개해 달라는 것이고, 봉사 단체나 현장봉사자 입장에서는 대상자를 보호하고 배려하는것이 중요하다. 양측의 입장을 고려하여 슬기로운 대처가 필요하다. 예를들어 수혜자 명단은 보고하되 구두로 하거나 성만 공개하고 이름은 보이지 않도록 하는 것이다. 또는 구체적인 지원활동중 프라이버시 침해 소지가 있는 부분은 보고를 생략하거나 브라인드로 처리하는 방법도 있을 것이다. 공동체에서 투명성 제고나 비밀유지는 기부하는 회원이나 투자자와 수혜자를 배려하기 위한 수단임을 기억하고 지혜롭게 잘 활용하면 좋겠다.

33. 예고제에 담긴 배려

2023년 9월 리비아 동부 항구도시인 베르나에서는 대홍수와 2개의 댐 붕괴로 2만여 명이 사망하는 인명피해를 입었다. 기상이변으로 지중해 폭염과 해수면 상승으로 인한 대홍수가 근본 원인이겠지만, 기상예고시스템이 작동할 수 있었다면 인명 피해를 줄일 수 있었다고 유엔전문가는 말한다. 리비아는 내란으로 나라가 동·서로 갈라져 사실상 무정부 상태인 데다가 기상 예보시스템 자체가 부재한 상태였다.

대다수 국가는 기상 예보시스탬이 잘 구축되어 있다. 모든 공동체에서 예보나 예고 시스템 만큼 사람을 배려하는 기재도 거의 없을 것 같다. 닥쳐 올지도 모르는 위험이나 피해를 알려 주고 사전에 이를 피할 수 있는 기회를 주기 때문이다. 입법 예고제나 정책 예고제 등과 같은 사전 예고제도 국민을 배려하는 좋은 제도이다. 하지만 봉사 단체나 권위적인 지도자가 운영하는 조직이나 공동체에는 이해 당사자나 수혜자들에게 사전에 충분히 양해를 구하는 절차나 배려가 없는 편이다. 조직의 장이 일방적으로 결정하고 사업을 중단하는 사례가 적지 않다. 이로 인해 상처받거나 분노하는 이들이 적지 않게 생기기도 한다. 특히 감사한 마음을 가져야 할 수혜자들까지도 갑작스러운 사업이나 지원활동 중단 등에 대해 분노하고 적개심을 갖는 사례도 적지 않다.

최근 한 종교시설의 지도자가 부임을 해 와서 전임 지도자가 지원하던 모든 후원 활동을 중단하도록 지시한 적이 있다. 관련 봉사 단체장이 그렇게 하면 안 된다고 이의를 제기하였다. 일단 수혜 기관들의 상황을 파악해 보고 당분간 후원금을 지원하면서 중단 여부를 결정해도 늦지 않다고 설득했다. 하지만 권위주의적인 지도자는 우리가 주는 돈인데 그냥 지원을 중단하면 그만이라며 사전 통보없이 일방적으로 지원을

중단하였다.

이러한 사례는 후원단체나 봉사조직에서 흔히 일어나는 문제이다. 조직의 장과 현장전문가가 서로 다른 생각을 하는것은 서로의 판단의 잣대가 다르기 때문이다. 각자가 중요시하는 대상이나 가치가 다르다. 한 측은 기관이나 단체의 재정의 안정성을 중시하는 반면에, 현장 봉사자측은 수혜자인 어려운 이웃의 생활 안정성 유지를 중시하는 것이다.

수혜대상인 어려운 이웃에게는 봉사 단체에서 매월 도와주는 10만원이 자신들의 월소득액의 10%이상의 가치가 있는 이전소득인 셈이다. 이 지원금을 염두에 두고 매월 예측 가능한 생활을 해 왔는데, 갑자기 지원이 중단되면 당혹스럽고 분노심이 생기는 것은 자연스러운 일이다. 그래서 오랜동안 현장에서 봉사 활동을 해온 분들은 수혜자들이 사전에 마음의 준비를 할 수 있도록 충분한 예고를 하며, 그들을 달래고 다른 도움을 드릴 방법이 없는지도 함께 고민한다. 이렇게 예고하고 배려하면 비록 1년이내에 지원이 중단되더라도 수혜를 받아 온 분들은 감사한 마음으로 단체나 조직의 중단 결정을 수용하게 되는 것이다. 조직의 장들은 경청을 통해 사전 예고가 어려운 처지에 있는 분들이나 이해관계자를 배려하는 조치임을 잊지않으면 좋겠다

34. 선택과 집중

선택과 집중이라는 말은 기업의 세계에서는 금과옥조처럼 사용하는 말이다. 하지만 어감으로는 선택과 집중은 배려와 거리가 먼 용어처럼 느껴진다. 선택과 집중이라는 단어 속에는 차별화라고 하는 것이 전제되어 있기 때문이다. 그래서 기업의 경영진은 이 용어를 즐겨 사용하는데 반해 임직원들은 이 용어 사용에 부담을 느낄 때가 많다.

IMF금융외환위기 때 국내 30대 재벌그룹 가운데 16개 그룹이 사라졌다. 이 때 이들 부실 기업들이 비난받은 이유가 선택과 집중을 못하고 문어발식으로 방만하게 운영했다는 점이다. 그 이후 우리나라에서는 선택과 집중이라는 용어가 자주 쓰인다. 하버드 대학의 마이클 포터 교수는 전략의 핵심은 하지 말아야 할 것을 골라내는 것(The essence of strategy is choosing what not to do.)이라고 말한다. 식사시간때 어느 식당을 가야 하나 고민할 때 마이클 포터의 발언을 자주 떠올린다. 그래서 식당을 선택할 때 음식 메뉴가 많아 무엇이든 다 주문할 수 있는 식당은 왠지 들어가기가 싫다. 반면에 음식 메뉴가 몇 가지로 단순화되어 있거나 단품만 파는 식당 앞을 지나가게 되면 왠지 그 집 음식은 맛이 있을 것 같고 신뢰가 간다. 이러한 생각에 대해 공감하는 사람들이 많을 것이다. 실제 음식 메뉴가 많은 식당일수록 고객에게 내세울 만한 음식 메뉴가 없다. 오히려 단품을 파는 칼국수 집이나 해장국 집의 손님이 더 많고 오랫동안 사업을 잘하는 경우가 많다.

성공하는 기업은 대체로 문어발식 확장을 하는 기업보다는 연관 산업에 사업이 집중되어 있다. 하지만 대다수 사람들은 더 많은 아이디어나 스펙을 보태야 더 좋은 것이고 더 잘 될 것이라고 생각하는 경향이 있다. 그런데 '열두 가지 재주를 가진 사람이 밥 빌어먹는다'는 옛말이 있다. 실제로 재주 많은 사람이 잘되는 경우는 매우 드물고, 오히려 별로 재주가 없어 한 곳, 한 분야에 집중하는 사람들이 성공하는 경우가 더 많다. 기업도 마찬가지이다. 경쟁이 치열한 사업 세계에서는 자사의 역량을 특정 산업에 집중해야 경쟁에서 살아 남아 오래도록 성장을 할 수 있다. 나라도 마찬가지이다. 다른 나라에 비해 잘 할 수 있는 영역에 선택과 집중을 해야 오래 살아 남는다. 하지만 이해관계자가 많아서 의사결정이 어려운 정치 세계나 수많은 공동체에서는 선택과 집중이 어렵다. 그래서 정치권, 봉사 단체나 공동체가 하는 일은 되는 것도 없고 안되는 것도 없는 것 같다. 선택과 집중은 한정된 자원을 효과적으로 사용하자는 취지이므로 배려의 정신에 부합한다. 다만 이러한 선택과 집중으로 소외되는 이들이 생길 수 있으므로 충분한 공감대 형성 노력과 함께 성과와 과실의 합리적인 분배에 지혜를 보아야 할 것이다.

35. 국민을 배려하는 대통령

국민을 진정으로 배려하는 대통령을 원한다

우리나라 역대 대통령의 출신 배경을 보면 다양하다. 정치인 출신이 5인이다. 군인 출신이 3인이다. 법조인 출신 대통령이 3인이다 경영인 출신 대통령은 1인이다. 아직 사업가나 관료와 지자체장 출신 언론인과 종교계 인사 그리고 교수 출신 대통령은 없다. 사업가 출신인 현대의 정주영회장이 대통령 후보로 출마했다가 고배를 마신 적이 있다. 지자체장 출신들도 대통령 후보로 출마했지만 고배를 마셨다. 지역색이 강한 한국적 현실에서 지자체장 출신이 대통령에 당선되기는 어려운 토양인 것 같다.

우리나라는 조급한 국민성 탓인지 몰라도 대통령 선거가 끝나자 마자 차기 잠룡들에 대한 여론조사가 이루어지고 언론매체 등은 이를 기사화 한다. 거론되는 이들의 면면을 보면 주로 법조인과 정치인 출신들이다.

과연 다음 대통령은 어떠한 배경을 가진 분이 나올까? 개인적으로는 어떠한 직업적 배경을 가진 분이 대통령이 되든 상관없다. 이제는 국민을 진정으로 섬기고 배려하는 대통령이 나오면 좋겠다. 진영과 연고를 넘어 능력과 인성을 중시한 탕평인사를 하는 대통령을 원한다. 다양성 속에 일치와 평화를 위해 인내하며 기도하는 마음으로 살아가는 대통령을 원한다. 국민속에서 일상생활을 하며 평범한 삶을 즐기는 소박한 대통령을 원한다. 국가의 미래 비전을 제시하고 국민에게 꿈과 희망을 주는 대통령을 원한다 국제 정세에 밝고 민간의 자율과 창의를 신뢰하고 존중하며 작지만 효율적이고 강한 정부를 만들 수 있는 대통령을 원한다. 사회적 약자의 목소리에 귀 기울이며 그들의 고통에 함께 하고, 그들의 근본적인 문제를 해결하기 위해 헌신하는 대통령을 원한다. 업적을 자랑하지 않고 잘못이나 실수에 대해서는 진솔하게 용서를 청하는 대통령을 원한다.

앞으로 얼마나 기다려야 이런 대통령님을 만날 수 있을까? 한 나라의 정치수준은 국민의 수준을 넘어설 수 없다. 우리 국민이 깨어나야 한다. 진영과 연고주의를 국민 스스로 극복해야 한다. 국민이 정치인에 대해 철저히 감시하고 평가 잣대를 선진국 수준으로 높여야 한다. 그럴때 국민이 원하는 대통령이 나오지 않을까 생각한다. 아쉽지만 정직하지 않고 헌신하지도 않는 정치인이 정치판에서 살아 남을 수 없을 때 품격있는 대통령이 나올 것 같다.

36. 국민을 배려하는 규제와 정책

수필집을 준비하는 중에 한 신문사의 편집인과 대기업 CEO출신 기업인이 함께 오찬을 하며 공기업의 혁신과 규제개혁의 문제에 대해 대화를 나눈 적이 있다. 신문사 편집인은 국회입법에 대해 어떻게 바라보아야 하는지에 대해 깊은 고민을 한 적이 있다고 한다. 오래 준비한 국회의원의 평가 작업을 중단하였다는 것이다. 국회의원들은 주기적으로 자신들의 의정활동 실적을 유권자들에게 보내 자신들의 업적을 홍보한다. 그들의 업적 홍보 가운데 주요 업적으로 내세우는 것은 법안 발의 실적이나 지역 공약 예산 확보 실적 등이다. 그래서 신문사 편집인도 처음에는 그들의 입법 발의나 정책 제안 실적이 많으면 의정활동을 잘 한 것으로 평가하려고 했던 것이다. 하지만 행정학자 등과 국회의원의 입법 추진 실적과 정책 제안 건수 등에 대한 조사결과를 평가하는 중에 평가잣대에 대해 다른 견해가 제기되었다. 법안 발의 실적이 많다고 의정활동을 잘 한 것으로 평가해서는 안되며, 법안 발의 건수는 적더라도 국민과 나라의 발전을 위해 도움이 되는 법률이나 정책을 만들어 내는 것이 더 중요하다는 것이다. 또한 기존의 법률이나 규제 가운데 시대착오적이고 국민과 기업에게 부담만 주거나 특정 계층에게만 혜택을 주는 규제나 정책을 과감하게 정비하는 것이 중요하다. 이에 더하여 국가 예산을 낭비하고 공직자의 도덕적 해이를 방지하기 위해 국정감사를 제대로 하는 정치인을 높이 평가해 주는 것이 바람직하다고 하였다. 이러한 지적에 대해 공감한다.

정치인들은 대부분 유권자의 표심만을 의식한 정치를 한다. 또한 공무원이나 이해 관계자에 포획되어 그들의 이익에 반하는 새로운 일은 추진하는 것에 소극적이다. 국회의원에 당선되는 순간 다음 선거에 사활을 걸기 시작한다고 한다. 그래서 기득권층의 오해를 살까봐 규제 혁파와 같은 정책에는 목소리를 내지 않는다. 목소리가 큰 기득권층을 자극할 필요가 없기 때문이다. 설령 시대착오적이고 국민의 불편을 주는 규제일지라도 먼저 나서서 없애자고 나서는 정치인은 본 적이 없다. 대신에 새로운 법률을 만들어 예산을 쓰는 일에는 관심을 갖는다. 새로운 법이 만들어지면 정부와 공조직의 인력이 늘어나고 행정 예산도 증가하여 업적이 있는 것으로 내세운다. 국민의 세 부담은 커지지만 공조직에 종사하는 사람이나 소수의 목소리 큰 정책의 수혜자들은 환호를 한다.

하지만 국민을 배려하는 규제와 정책은 적을수록 좋다고 생각한다. 정치 과잉인 시대나 사회는 국민들이 힘들다. 무임승차가 많아지기 때문이다. 공유의 영역이 큰 사회나 조직이 적을수록 국민의 부담도 줄어든다는 사실을 알아야 한다. 정치인들이 국민을 위한 정치를 제대로 하려면 불필요한 규제를 줄여 정부조직을 효과적으로 운영하게 만드는 것이다. 국정감사도 품격있게 제대로 하도록 국민과 언론이 감시해야 한다. 국민을 위해 팩트중심으로 핵심 현안을 예의 바르게 질문하고, 국무위원이 성실하게 답변을 하도록 국정감사를 철저히 준비해야 한다.

IMF 금융외환위기 전에 미국 의회의 규제 전문가들과 2주간 세미나를 워싱턴 D.C에서 가진 적이 있다. 그들이 들려주는 규제개혁의 메시지는 아직도 선명하고 인상적이다. 미국 의회 예산관리처(OMB Office of Management & Budget)는 모든 입법안이나 정책 제안에 대해 규율하는 장치를 잘 운영하고 있다. 이를 통해 불필요한 제도와 규제의 도입을 방지하고 국민의 세금 부담을 줄여 주고 있다.

우선 모든 규제나 정책의 도입시 여러 대안을 동시에 준비하고 각각의 대안에 따른 비용편익분석을 철저히 하도록 의무화하고 있다. 비용편익분석 결과는 이해 당사자들에게 공개하고 반드시 그들의 의견을 수렴하도록 하고 있다. 우리나라는 형식적으로는 의견수렴을 하고 있다. 하지만 구체적인 비용편익분석의 내용까지 공유하고 철저하게 따져 보지는 않는다. 심지어 몇 년전 부터는 예비적 타당성 검토까지 생략

하는 지경에 이르렀다

미국은 대안들에 대한 철저한 검증결과를 토대로 공개적인 의견수렴 절차를 여러 차례 충분히 갖는다. 의료개혁과 같은 큰 제도개혁안에 대해서는 대통령까지 직접 나서서 국민들과 구체적인 수치를 갖고 토론하고 설명도 했다 이러한 과정을 거쳐 최적 대안이 마련되면 그 다음 단계에서는 어느 기관에서 이를 집행할 것인지와 기대효과 등에 대해서도 철저히 분석한다.

이와 함께 규제와 정책의 집행에 소요되는 재원의 조달방안과 기대효과에 대해서도 철저히 검증한다. 우리나라도 미국처럼 보다 철저한 과학적 관리가 필요하다.

우리나라에 보다 근본적인 문제는 규제의 틀이다. 규제의 틀을 "원칙금지-예외허용" Positive system에서 "원칙자유-예외 규제" negative system으로 전환하는 일이다. 수 십년째 전문가들이 개선을 요구해 오고 있지만 공직자들은 시늉만 내고 있다. 우리나라 규제의 틀인 포지티브시스템에 대해 미국 의회 전문가는 사회주의식 규제라 말한다. 이러한 원칙 금지의 규제틀은 민간의 창의력을 제약하고 불필요한 행정규제 인력과 규제순응비용만 유발하게 된다. 국민을 배려하지 못하는 나쁜 규제 형식이다 국민을 배려하는 규제개혁을 하려면 규제 완화를 넘어 규제의 틀을 "원칙 자유, 예외적으로 규제하는 틀"로 하루라도 빨리 바꾸어 나가야 할 것이다.

37. 언행일치

우리는 부모님으로부터 언행이 일치하는 정직하고 성실한 인간이 되도록 가르침을 받아 왔다. 일반 국민이나 시민들은 자신들이 한 말이나 약속은 대체로 잘 지키며 살아 간다. 아무리 사소한 약속이라도 이를 지키려고 노력한다. 그래서 우리는 언행일치를 당연시하고 상식에 가까운 것으로 알아왔다.

오늘날 우리사회에서는 말 따로 행동 따로의 모습들이 사회 곳곳에서 자주 목격되고 있다. 특히 정치인과 법조인 등 지도층 사회에서 이런 현상이 두드러지게 나타나고 있다. 말 따로 행동 따로 하는 것에 부끄러운 일인지 조차도 느끼지 못하는 지도자들이 적지 않은 것 같다. 과거 비례대표 국회의원을 지냈던 한 지인은 동료 국회의원들의 뻔뻔한 모습에 국회의원이 된 것을 후회하고 당의 지역구 공천을 사양했다고 술회한 적이 있다. 한국정치판은 언제든지 자기 필요에 따라 천연덕스럽게 말을 바꾸고 약속과 달리 행동할 수 있어야 살아 남는다는 것이다. 한 법조계 지인은 충격적인 농담을 한다. 법조인이 제일 싫어하는 인간은 법 없이도 살아 갈 수 있는 사람이란다. 이런 사람만 많으면 변호사들이 굶어 죽는다는 것이다. 사회정의를 구현하고 바르게 사는 것을 장려 해야할 법조인들의 농담 속 진담이 우리나라 사법 농단과 법조 비리의 확산과 무관하지 않은 것 같아 안타깝다.

왜 이같은 현상이 우리사회 지도층에서 많이 나타날까?

우선 개인적인 소신을 피력했더라도 당이나 조직 차원에서 다른 입장이나 방침이 정해지면 상부의 방침에 따라 행동하는 것은 어느 사회에서나 일어날 수 있는 일이다. 특히 민주화가 덜 되어 있거나 권위주의적인 지도자들이 많은 사회에서는 더욱 그럴 것이다.

이같은 처지에서 자신의 소신과 달리 행동하는 것이 불가피한 경우에도 공인은 자신이 한 말과 다르게 행동하게 된 것에 대해 경위를 소상히 밝혀 둘 필요가 있다.

또 다른 유형은 위선자에 가까운 부류의 사람들이다. 자신의 체면을 살리거나 순간적인 위기를 모면하기 위해 자신이 한 말이나 약속과 달리 행동하는 경우이거나 평소에는 전혀 다르게 생각하고 행동하면서 자신을 대단한 사람으로 포장하거나 사익을 챙기려고 거짓말이나 과장된 말을 하는 사람들이 있다. 예컨대 평소 자원의 낭비가 심하고 일회용 제품 사용을 즐겨 하는 등 자연파괴적인 행동을 별 생각없이 하면서도 환경운동가들 앞에서는 자신을 환경주의자라고 주장하는 것 등이다. 또 다른 예로 자신은 국민과 시민을 섬기고 그들을 위해서 일하겠다고 하면서 실제로는 자신과 자신의 세력이나 공직 종사자만을 위해서 일하는 지도자들도 언행이 불일치하기는 마찬가지이다.

예수님처럼 완덕의 길을 걷겠다고 약속하면서 자식에게 교회 담임 목사직을 승계시키는 목회자나 노후를 걱정하며 공동체를 만들어 자신의 안위를 챙기는 종교인도 언행불일치의 전형이다. 내편 네편 편가르기가 심한 사회에서는 말 따로 행동 따로 할 가능성이 크다. 평소 자신이 하는 말이 아닌 데도 같은 진영에 속한 인사가 한 말이나 행동이라는 이유로 그저 그 사람의 말과 행동을 지지하는 언행을 한다. 평소에 자신은 특정국가 문화를 선호하거나 제품사용 등을 선호하면서도 자신의 진영에서 그 국가를 반대하는 운동이 전개되면 마치 자신도 그 국가를 혐오하는 듯이 SNS에 글을 올리거나 주장을 하다가 비난을 받는 경우도 있다.

또 다른 유형은 일부 사회주의 국가들의 전술적 사고가 서구시회 일부 계층과 영역에 스며들고 있다는 생각이 든다. 그들은 수단방법을 가리지 않고 상대를 이기는 것을 중시한다. 인간의 보편적인 가치를 존중하고 함께 잘 살아가는 것은 그들의 관심사가 아니다. 무조건 상대를 이기는 것이 중요하다. 그래서 말따로 행동따로 하는 것에 대해 죄의식을 느끼지 않는다. 설령 언행불일치가 드러나게 되더라도 사과하지 않는다. 오히려 속아서 손해 보는 사람들이 더 나쁘다고 강변한다. 이같은 사례는 증권시장에서도 종종 나타난다. 2000년대초 미국 증권시장에서 언론사의 회계 부정과 투자자들의 업의 본질에 대한 이해 부족으로 회사가 파산하면서 투자자들이 엄청난 투자손실을 본 적이 있다. 이때 유행하던 증권가 농담중 하나가 "증권시장은 덜 바보가 더 더 바보의 돈 따 먹는 곳"이다. 20년이 지난 오늘날에도 이러한 농담은 우리 증권시장에서도 그대로 회자되고 있는 현실이 안타깝다.

이같은 사례가 최근들어 우리 사회에서 많이 일어나고 있는 것은 우려할 만한 일이다. 말 따로 행동 따로 하는 사회구조를 바꾸어 가는 것이 품격 높은 배려 사회를 만드는 길이다.

말 따로 행동 따로 하는 사람들이 사회 지도자가 되는 것을 어렵게 만들어야 한다. 정직하고 성실하게 자신이 한 말을 지켜 가며 살아가는 사람들을 팩트에 입각하여 평가하고 식별을 해야 한다. 특히 언행이 불일치하고 부정직한 사람이 공직에서 큰일을 하지 못하도록 국민이 감시해야 한다. 미국 워터게이트 사건

자체는 심각한 것은 아니었지만 닉슨 대통령의 거짓말이 들통나면서 그는 하야하게 된 것이다. 언론의 역할도 중요하다. 사실 확인도 철저하게 하지 않고 가짜 뉴스를 만들어 유포하는 환경에서는 우리국민이 언행불일치한 지도자들을 식별하고 그들을 선거 등으로 걸러내기가 힘들다. 말과 행동이 다른 사람들이 살아가면서 성실한 사람들보다 더 큰 손해를 보고 낭패를 당하는 사회를 만들어 가는데 모두가 지혜를 모아야 한다. 그래야 품격 높은 사회 건설을 앞당길 수 있다.

38. 도덕적 해이 방지

주인을 위해 일하기로 약속하거나 계약을 체결했지만 주인이 보는 앞에서는 열심히 일하는 척 하고 주인이 출타 중이거나 보지 않는 곳에서는 일을 느슨하게 하는 일이 일어난다. 주인이 눈앞에 있더라도 일꾼이 얼마나 일을 잘 하는지 파악하고 관리할 수 없다면, 일꾼들은 당초의 약속과 달리 딴전을 부리거나 심한 경우 개인적인 일을 하기도 할 것이다. 일로 성과를 낸 만큼 충분한 보상이 이루어지지 않는 경우에도, 열심히 일할 필요성을 느끼지 못하여 일을 덜 하거나 사적 이익을 추구하는 행위를 할 수도 있다. 이러한 주인과 대리인과의 문제는 우리 주변에서 흔히 일어나는 일이다. 이와같이 약속이나 계약과 달리 주인의 이익에 반하는 행위를 함으로써 주인에게 손해를 입히거나 유·무형의 피해를 주는 것을 '도덕적 해이'라고 말한다. 이러한 도덕적 해이로 주인과 대리인간에 발생하는 비용을 '대리인 비용'이라 하는데, 공공영역에서 이러한 비용을 줄이는 것은 국민을 위해서나 미래세대를 위해서 중요하다. 대리인 비용 문제가 공공 영역에서 많이 발생하고 규모도 크기 때문이다.

나라나 시의 주인인 국민이나 시민은 개인이 아닌 불특정 다수이기 때문에 주인이기는 하지만, 제때에 관리감독을 할 수 없다는 측면에서 보면 주인이라 할 수 없는 것이나 마찬가지이다. 그래서 주인인 국민을 위해 일을 잘 해 달라고 공직자를 고용한 것이다. 하지만 공직자나 공공 영역에서 일하는 사람들은 주인인 국민이나 시민이 자신들을 제대로 관리 감독할 수 없다는 점을 이용해 자신들이 주인인양 행세를 한다. 이로 인해 주인인 국민이나 시민의 혈세를 지나치게 많이 징수해서 불필요한 이벤트 사업을 벌이고 자신들이 하는 사업이나 지역에 사용하기도 한다. 심지어 이권카르텔을 형성해 자신들의 집단이익을 위해 사용하기도 한다. 오늘날 이러한 도덕적 해이 현상은 더욱 교묘한 형태로 우리사회에 만연해 있다.

우리사회가 금전만능주의에 물들고 부정부패가 만연해 있는 것은 공직사회의 도덕적 해이와 직업윤리 의식이 약해졌기 때문인 것으로 보인다. 공직사회의 도덕적 해이는 사회를 병들게 하고 사회적 약자들의 상대적 박탈감을 키운다. 나아가 미래세대의 꿈과 희망을 앗아간다. 현 세대의 도덕적 해이를 줄이는 것은 미래 세대를 배려하는 것이다. 국민이 잘 사는 사회가 우선이다. 국민보다 공직자가 잘 사는 사회는 병든 사회이다.

이 세상의 주인은 누구인가? 이 지구는 현세대만을 위한 땅이 아니다. 미래 세대도 살아가야 하는 공동의 집이다. 현 세대는 잠시 이용하고 미래세대에게 물려주고 떠나야 하는 것이다. 이 세상의 주인은 현재와 미래의 모든 세대인 것이다. 현 세대는 주인이 아닌 대리인이자 임차인에 불과하다. 현 세대가 도덕적 해이에 빠져 이 지구를 함부로 사용해서는 안된다. 미래세대가 현 세대를 관리할 수 없다고 해서 함부로 훼손하고 낭비하는 것은 현 세대의 도덕적 해이이다. 현 세대의 도덕적 해이를 줄이는 것이 미래 세대를 배려하는 것임을 깊이 깨달아 모든 영역에서 도덕적 해이를 방지하는데 우리 모두 지혜를 모아야 한다.

39. 투명성과 배려

개인이 신뢰를 얻으려면 정직하고 성실해야 한다. 기업이나 단체 등의 조직이나 공동체가 신뢰를 얻으려면 투명성을 높이고 정도경영을 해야 한다. 우리 모두는 공동체나 조직의 일원이므로 투명성 문제에 대해서도 친숙하고 민감한 편이다.

IMF 금융 외환 위기를 맞아 국내기업을 해외에 매각하려 할때 코리아 디스카운트(Korea Discount)라는 말이 유행했다. 해외 투자기들이 국내기업을 장부가격의 20-30% 수준으로 매수하려고 하였던 것이다.

당시 한국기업에 대해 낮은 할인율을 적용하려 했던 것은, 회계의 투명성이 매우 낮고 전쟁 위험 등이 상존하고 있어 높은 리스크 프리미엄을 요구한 때문이다.

당시 삼성. 현대 등 5대 그룹 대기업의 핵심 사업인 반도체, 석유화학 등 8개 업종의 사업 구조조정을 추진하였다. 이때 전체 사업 구조조정 업무의 실무를 총괄하면서 투명성 문제로 구조조정에 많은 애로를 겪은 경험이 있었다. 기업의 회계 투명성은 기업의 구조조정과 인수합병(M&A)에 있어서는 생명과 같은 것이다. 당초 기대와 달리 대기업의 사업 구조조정이 지연된 데는 기업 당사자간에 상대방의 회계장부와 기업가치 산정에 대한 불신이 한 원인이었다. 오늘날 5대 재벌이 세계적 경쟁력을 갖추고 신뢰받는 초일류기업으로 거듭날 수 있었던 것은 IMF 금융위기때 회계의 투명성과 지배구조의 혁신을 단행한 덕분이라 생각한다.

코로나 사태 이후 세계 거의 모든 나라가 살기 힘들어 졌다. 그래서인지 일부 권위주의적인 국가들은 경제성장율과 실업율 등을 조작하여 발표하거나 발표하던 통계 실적을 아예 공표하지 않고 있다. 실적이 나쁜 것을 굳이 밖으로 알려서 국가 이미지를 손상시킬 필요가 있느냐고 말한다. 중국에는 좋은 것은 알리고 좋지 않은 것은 숨기려는 정책(報好 不報憂)도 있다. 하지만 보다 나은 공동체나 조직을 만들려면 '측정 없이는 개선 없다'는 슬로건을 유념해야 한다. 성경에도 병은 소문내서 고치라 했다. 의사결정 과정은 물론 실적통계나 회계결산 결과 등이 투명하지 못한 사회는 개선도 발전도 기대하기 힘들다.

투명성 제고가 공동체 발전의 초석이자 모두에 대한 배려이다. 기업이나 국가의 투명성과 신뢰도가 높아지면 여러 면에서 국익에 도움이 된다. 더 큰 의미가 있는 것은 공통체의 구성원 모두가 신뢰하고 서로를 배려하게 된다는 점이다. 국제투명성기구가 발표하는 우리나라의 부패인식지수(CPI)는 2022년 100점 기준으로 63점이다. 이는 180개국중 31위 수준이다. 과거에 비해서는 많이 나아졌지만 국가GDP 순위 등에 비해서는 아직 미흡한 편이다.

IBP(International Budget partnership)이 발표하는 예산 투명성 지수는 100개국 가운데 8위 수준이다. 나름대로 국가예산 운용은 형식이나 절차면에서 나름 투명하다는 평가를 받는 것으로 보인다. 하지만 우리

사회 전반을 깊이 들여다 보면 아직도 투명성에 문제가 많고 이로 인한 구성원이나 이해 관계자 간에 반목이 심한 편이다. 의사결정 과정이나 예산의 수입과 지출 그리고 수익의 배분 등에 있어서 반목이 심한 편이다. 사회 전반에 이권화 의식도 상존해 있다. 각종 이권 카르텔이 교묘하게 작동하고 있다. 외형적으로는 법적 절차를 잘 준수하고 있는 것으로 보이지만 숨은 문제점을 찾아 내기는 쉽지 않다. 개인의 정직성과 조직의 투명성이 제고되어야 공동체를 살리고 모두를 배려할 수 있다. 우리 사회의 투명성이 제고되어야 미래세대가 희망을 가질 수 있다. 안중근 의사나 고 김수환 추기경님의 말씀처럼 우리 한국인이 보다 더 정직해진다면 한층 더 나은 국가 공동체를 실현할 수 있을 것으로 믿는다.

40. 지구와 자연의 보호

지구 온난화에 따른 기상이변 등으로 우리는 이제 사계절의 변화를 제대로 볼 수 없게 되었다. 여름과 겨울이 길어지고 봄 가을이 짧아지고 있다. 제주도에는 겨울이 사라지고 있다. 대구사과는 사라지고 파주사과가 유명해지고 있다. 빙하가 녹으면서 해수면이 높아져 남태평양의 작은 섬나라 투발루는 바닷물 속에 가라앉고 있다. 세계의 거의 모든 섬나라들은 해수면 상승으로 생존마저 위협을 느끼고 있다.

한반도 주변 해수면 온도가 가장 빠르게 상승하고 있다. 기상 이변으로 인한 이상 고온과 이상 한파, 폭우 폭설과 가뭄 등으로 농작물의 경작 등 경제 활동은 물론 일상적인 경제 생활마저 힘들어지고 있다. 기상

청 분석에 따르면 집중호우의 연평균 발생횟수 증가 추세는 '80년대 44회에서 '90년대 52회, 2000년대 65회로 늘어나고 있다. 국제환경기구의 분석에 따르면 2100년 전 지구 평균기온은 1.9~5.2℃까지 상승할 것이란 전망(2019년)이다. 이대로 가면 인류의 생존 자체가 크게 위협받게 될 것이다. 이러한 기후이변 현상은 지난 200~300년간 과도한 화석연료와 자원의 사용과 지구환경파괴로 인해 빚어진 것이다.

지구와 자연에서 공유의 비극이 심각하다. 공유지의 희귀 자원은 공동의 강제적인 이행 규칙이 없으면 많은 사람들의 무임승차 때문에 파괴된다. 이러한 공유의 비극이 우리의 지구와 자연생태계에서 벌어지고 있다. 현 세대의 무임승차로 미래 세대에게 물려 주어야 할 지구와 자연이 파괴되고 있다. 나 하나 쯤이야 하는 안이한 생각이 우리 인류 공동의 집인 지구를 중병들게 만들었다. 면역력이 있어 지구는 자연히 복원될 것이라는 낙관론도 있지만 현실은 심각하다. 당장 기후 변화와 기상 이변 등으로 고통받는 이들이 너무 많다. 잦은 가뭄과 대홍수, 잦은 산불로 인한 인명피해, 혹서와 혹한 그리고 해수면 상승 등으로 인한 생태계 파괴 등은 그저 지켜만 볼 일이 아니다.

경제도 중요하지만 환경 문제는 매우 위험하고 심각하다. 시장이 없으면 기업이 없고 기업이 없으면 시장도 없다. 하지만 지구가 없으면 기업도 시장도 없다. 지구와 환경보호에 대한 대책없는 낙관주의는 위험하다. 구호에만 그치는 환경주의나 정치적 립 서비스도 문제 해결에 도움이 안된다. 세계 정치 지도자들은 남탓만 하며 허송세월을 해왔다. 총론 찬성, 각론 반대를 한다. 지구환경 문제의 해결 의지가 약하고 눈앞의 선거에만 관심있다.

지도자부터 솔선수범해야 할 때이다. 예컨대 대중교통이 발달한 대도시에서는 국회의원들부터 대중교통이나 도보로 출·퇴근하는 것을 일상화해야 한다. 근검절약으로 지구와 자연보호에 솔선해야 한다. 그래야 진정으로 국민의 존경과 사랑도 받을 수 있다.

지난 20세기 우리나라는 경제의 압축성장 과정에서 환경문제 해결이나 환경 관련 투자는 뒷전으로 여겨왔다. 심지어 환경정책은 경제성장의 걸림돌이고 규제이며 비용으로만 인식되었다고 해도 과언이 아니다.

그러나 21세기 들어 지구환경문제로 인류의 건강과 삶의 질이 떨어지고 미래 세대의 생존마저 위협하게 되면서 지구시민으로서의 자각운동이 도처에서 일어나고 있다.

OECD는 우리나라가 2060년경이면 미세먼지로 인해 GDP의 0.6%가 감소하고 연간 22조 원의 경제적 손실이 발생한다고 전망한다. 또한 기업들의 제품이나 환경경영에 대한 소비자와 투자가들의 관심과 우려가 일반화되면서 기업의 지속가능발전을 위한 환경 투자나 정책의 중요성도 그 어느 때보다 높아지고 있다.

많은 나라들이 환경을 국가경쟁력의 원천으로 인식하기 시작했다. 친환경 제품은 기업들의 차별적 경쟁요소가 되고 있고, 환경은 지역경제의 활성화와 관광산업의 매력을 높이는 힘이 되고 있다. 선진국가들은 4차 산업혁명 시대의 융복합 기술을 활용하여 환경 관련 산업에 대한 투자와 생태환경 복원, 그리고 자연환경 보호 등에 많은 노력을 기울이고 있다.

국민들의 삶의 질 향상과 보건정책 측면에서도 환경의 중요성이 크게 부각되면서 깨끗한 환경을 유지하고 보전하는 것은 모든 정책의 최우선적 고려사항이 되고 있다. 그동안 환경규제나 정책에 대해 민감하게 반응하고 부정적인 시각을 보여 왔던 국내 산업계에서도 인식의 변화가 나타나고 있다. 일찍이 미국 하버드대학의 마이클 포터Michael Porter교수도 지적했듯이, 적절한 수준의 환경규제 강화와 시장친화적인 환경정책의 시행은 산업경쟁력을 향상시키고 새로운 시장을 창출하는 데 기여할 수 있다. 우리나라의 조선산업이나 전자산업이 세계시장을 지배하는 것은 친환경과 자원절약형 기술의 덕분이다. 친환경경영이 경쟁력의 원천이다. 하지만 지구시민으로서 기업들이 가야 할 길은 아직 멀기만 하다.

지역사회나 마을공동체에서도 환경보호와 생태환경 복원을 통해 자연속에서 힐링하고 싶어 하는 도시 관광객을 불러 모아 지역이나 마을경제 활성화에도 큰 보탬이 될 것이다. 실제로 강원도 인제의 자작나무 숲이나 전라도 함평 나비축제 등은 수많은 관광객의 유치로 지역경제 활성화와 일자리 창출에 큰 도움이 되고 있다. 서울시의 청계천이나 성북천 등 생태하천 또한 다양한 동식물이 번창하여 자연생태환경이 복원

되고 휴식공간이 조성되면서 수많은 사람들이 산책을 즐길 수 있게 되었다 "환경은 미래 세대의 희망이며, 국민의 삶의 질 향상은 물론 국가경쟁력의 원천임"을 국가 정책으로 구현해야 할 때이다. 국가 정책결정의 전 과정에서 환경을 우선적으로 고려하면서 국민과 미래 세대의 삶의 질을 위한 지속가능한 환경정책을 추진해야 한다. 또한 비용 효과적인 환경정책을 추진하면서도 4차 산업혁명 시대의 융복합 기술 등을 활용하여 현장의 목소리에 귀를 기울인 그린Green일자리 창출은 물론 소득증대와 연계된 정책을 추진해야 한다.

국민의 환경에 대한 태도와 가치관의 변화도 중요하다. 특히 금전만능주의를 비롯하여 미래 세대를 배려하지 않고 나만 잘살겠다는 식의 개발과 소유 중시의 부동산 재테크 문화, 기득권층의 님비현상, 환경을 위한 작은 불편함도 감내하지 못하는 의식구조와 문화 등은 우리 공동체 구성원 모두가 함께 풀어나가야 한다.

세상엔 공짜 점심이 없다. 미래 세대에게 쾌적한 삶

의 터전을 물려주기 위해선 현 세대의 절제된 삶, 후세대에 대한 배려, 그리고 비싼 수도료와 전기료를 감내할 각오가 되어 있어야 한다. 전기요금 등에 자원이용과 환경비용에 대한 부담을 반영할 수 있도록 조세, 재정제도 등의 환경친화적 개혁을 단행해야 한다.

41. 지속가능성과 배려

불과 30여년 전까지만 하더라도 국내에서 '지속가능발전'이나 '지속가능성Sustainability'이라는 용어는 아주 낯설고 우리와는 거리가 먼 용어처럼 취급당했다. 물론『경주 최 부잣집 300년 부의 비밀』을 통해 장수기업의 비결이 소개되고, 호암 이병철 회장의『호암자전』을 통해 '창업보다 수성이 어렵고 더 중요하다'는 사실 등이 세간에 회자되기는 했지만, 오늘날 지속가능성과는 거리가 있다.

개인적으로 지속가능성이란 용어는 여러면에서 1990년대 중반부터 친숙하고 운명적이라는 생각이 든다. 처음에는 규제정책을 연구하는 과정에서 환경문제와 연을 맺으면서 부터이다. 국민의 자율과 창의를 위해 경제적 규제를 줄여야 한다는 데는 전문가들 사이에 나름의 공감대가 형성되어 있었다. 하지만 사회적 규제인 환경 규제는 어떻게 다루어야 하는지에 대해 논쟁이 많았다. 규제 완화보다는 규제의 합리화가 필요한 영역이며, 어느 정도의 규제 강화는 기업의 경쟁력 강화에도 도움이 된다는 주장도 상존하고 있었다. 그런 가운데 UN 등 국제기구를 중심으로 기후변화에 대한 세계 각국의 공동 대응과 환경 규제 강화의 움직임이 활발해 지면서 경제 성장과 환경 보호를 동시에 달성하는 방안에 대해 고민하게 되었다. 1997년 IMF금융외한 위기때 30대 재벌그룹중 16개 그룹기업들이 부도 등으로 사라지는 것을 목격하고, 5대 재벌그룹이 반도체 등 8대 산업의 사업구조 조정을 실무 총괄하면서 기업의 지속가능성에 깊은 관심을 갖게 되었다. 2003년에는 기업인들을 설득해 '지속가능발전기업협의회(KBCSD)'를 설립해 사무총장직을 수행하며 경제와 환경과 사회의 조화로운 발전을 위해 노력하였다. 이 협의회를 중심으로 대기업과 공기업에서는 환경 경영과 사회 공헌 활동을 적극 추진하기 시작했다.

개인적으로도 지속가능발전연구원과 컨설팅 회사를 설립하여 운영하기도 하고 저술 활동도 해 오고 있다. 그리고 어려운 이웃과 함께 하는 봉사 단체를 현장에서 도우면서 사회적 약자의 이익 대변 사업을 하며 공동체와 국가 차원의 지속가능성에 대해 더 많은 생각을 하고 있다.

부자가 3대를 넘기기 어렵다는 속담이 있다. 지속가능한 발전의 어려움을 함축적으로 보여주는 말이다. 개인이나 가문의 부의 승계가 어렵기도 하지만 기업의 지속가능발전은 더욱 힘들다. 오늘날 기업의 수명은 평균 15년 내외에 불과하다. 한 세대도 살아남기 어려운 기업 세계에서 창업 세대를 넘어 2~3대로 이어지고 나아가 100년 이상 장수하며 지속적으로 성장·발전해 간다고 하는 것은 사실상 불가능에 가까운 일이다. 기업의 80%는 30년 이내에 사라진다. 기업의 평균수명은 갈수록 짧아지고 있다. 미국 경제잡지 『포춘』에 따르면, 미국의 500대 기업의 평균수명은 1955년 기준 45년에서 1975년 기준 30년으로 짧아졌으며, 2005년 기준으로는 15년으로 단축되었다.

미국의 1955년 당시 상위 100대 기업 가운데 2000년대 이후까지 살아남은 기업은 듀폰DuPont, P&G 등 17개사에 불과하다. 한국 기업의 변천사를 보더라도 1965년 기준 100대 기업 가운데 오늘날까지 생존해 있는 기업은 제일모직, CJ 등 12개사에 불과하다. 또한 1967년 한국의 10대 그룹기업 가운데 오늘날까지 살아남은 곳은 삼성과 LG 두 그룹기업뿐이다.

오늘날 경제 환경은 급변하고 불확실성이 심화되고 있다. 기업간 경쟁도 한층 치열해지고 있다. 기존의 비즈니스 위험(기대 현금흐름의 변동성) 이외에 환경적인 문제나 소셜덤핑Social Dumping 등으로 인해 기업의 손실이 커지고, 주가가 폭락하는 등 종전에는 상상하지 못했던 변수들로 인해 기업의 도산 위험이 커졌다. 기업들은 이러한 위험에 대비하고 지속가능한 발전을 위해 경제적인 성과는 물론 환경적으로나 사회적으로 위험을 잘 관리하는 방안을 적극적으로 강구하게 되었다. 1960년대까지만 해도 기업들은 시장에서 소비자에게 팔릴 만한 값싸고 질 좋은 상품이나 서비스를 만들기만 하면 돈 벌고 성장할 수 있었다. 하지만 점차 경쟁이 격화되면서 디자인과 감성 가치 등 또 다른 차별적 요소를 통해 필살기를 벌어야 하는 상황에 내몰리게 되었다. 여기에 더해 친환경적 경영이 경쟁력의 한 요소가 되었다. 기후 변화와 기상 이변 등으로 인한 지구 환경 파괴 등으로 인류 전체의 생존 기반마저 위협받는 처지에 놓이게 되면서 이해관계자 집단으로부터의 압력이 커지고 있다. 환경단체나 유엔 기구는 물론 정부와 소비자조차 기업의 기획, 생산, 판매, 유통 등 전 과정에서 발생하는 오염물질과 폐기물 등이 환경에 미치는 영향에 대해 민감하게 반응하기 시작했다. 또한 기업 활동에 대한 국내·외 환경 규제가 강화되어 기업들은 공장 설립이 매우 어려워 졌고, 환경 오염을 야기하는 제품의 생산 판매와 수입 등이 힘들어 졌다. 소비자들 또한 친환경상품 구매를 선호하고 환경에 악영향을 주는 제품에 대해서는 불매운동과 함께 환경집단소송 등을 통해 막대한 손해배상을 청구하고 있다. 환경 문제가 기업의 생존과 지속가능발전에 중요한 변수가 된 것이다. 연기금 등 투자자들도 기업의 RE100 가입을 촉구하고 있다. RE100은 Renewable Energy의 약자로, 2050년 이전에 필요한 전력 100%를 태양광, 풍력 등 재생에너지로만 충당하겠다는 기업들의 자발적 약속을 의미한다. 기업들은 화석에너지 사용을 줄여 지구환경보호에도 적극 나서야 하는 처지이다.

세계 주요국은 2030년 내지 2035년 부터는 내연기관 차량의 운행을 금지키로 하였다. 기존 자동차 업계는 전기차나 수소차 등으로의 전환을 서둘러야 한다.

한편 기업의 사회적 공헌에 대한 소비자들의 관심과 정부와 시민단체 등의 감시 활동이 강화되고 있으며, 지역사회와의 소통과 협력이 기업의 발전에 도움이 된다는 사실을 직시하게 되었다.

또한 어린이 및 노약자 고용, 강제 노역자 등 사회적 약자에 대한 기업의 무관심이 얼마나 기업에 치명적인 일이 될 수 있는지를 보여 주는 사건들이 빈발하면서 기업 세계에 또 다른 변화가 일어나고 있다. 인권과 생명 존중을 진정성 있게 실천하는 기업들은 좋은 기업 이미지 형성은 물론 지속가능한 성장에도 도움이 되지만 그렇지 못한 기업들은 기업 이미지가 나빠져 위기에 직면하는 사례가 늘고 있다.

이와같이 글로벌 경쟁이 치열해지고, 사업 환경의 불확실성이 증대되면서 기업의 현금 흐름과 손익의 변동성이 커지고, 기업을 둘러싸고 있는 이해관계자들의 복잡한 이해관계와 갈등 등으로 비경제적 위험이 증대되고 있다.

더욱이 우리 사회는 지속가능성과는 거리가 먼 현상이 나타나고 지속가능발전을 위협하는 요인들이 도처에 산재해 있다. 예컨대 좀비기업의 양산, 단기 업적주의의 만연으로 장기 투자가 크게 줄고 있다. 또한 갑질 문화로 무너지는 기업들이 속출하고 있다.

코로나 감염병 사태 이후 경제 침체현상이 심화된 가운데 미중 패권전쟁과 러시아와 우크라이나간 전쟁 등으로 인한 신냉전 체제 전환과 중동지역의 갈등 지속 등으로 세계 모든 공동체의 생존 문제가 더 심각해지고 있다.

기업이 생존 차원을 넘어 미래 세대까지 지속가능발전을 하기 위해서는 경제적인 성장은 물론 환경적 기여나 사회적 기여도 의사결정 과정에서 고려해야 할 핵심 요소가 되었다. 일론 머스크는 테슬라는 전

기자동차 회사가 아니라 지속가능발전 가치를 파는 기업이라고 한다. 하지만 기업만 잘한다고 해서 지속가능성이 보장되는 것은 아니다. 기업 없이는 시장과 사회도 성장할 수 없지만, 시장과 사회 없이는 기업도 존재할 수 없다. 그렇기 때문에 기업의 자체 노력과 함께 정부와 국민의 지속가능성에 대한 관심과 환경 조성도 중요하다. 정치권과 정부 그리고 국민의 역할도 중요하다. 기업을 정쟁의 도구로 삼아서는 안 된다. 특히 정치나 정책의 실패 책임을 기업의 탓으로 돌리는 과거의 행태는 사라져야 한다. 기업이 국제경쟁력을 확보하고 유지할 수 있도록 기업의 원천기술 연구와 응용기술 확보를 뒷받침하고 출산율 제고와 함께 우수 인재 양성에 힘써야 한다.

지속가능성 문제는 기업과 국가는 물론 모든 조직과 공동체에서 중대한 이슈이며, 현 세대와 미래 세대의 공동 번영을 위해 필요한 의사결정 요소이다.

교회공동체나 봉사 단체와 같은 조직들도 지속가능성 위험에 처해 있기는 마찬가지이다. 교회나 종교단체들이 세속화되면서 신자들이나 봉사자들이 계속해서 줄어들고 있으며, 이로 인해 재정 상태가 열악해지면서 지속가능성이 위협받고 있다. 그런가 하면 부자 승계 문제가 된 대형 교회의 경우 대내외 비판 등으로 위기에 직면해 있는가하면 성폭행 문제 등으로 교회나 단체의 신도나 봉사자 수가 감소하는등 지속가능성이 크게 위협받는 지경에 이르렀다.

정치 과잉의 사회는 예측 가능성이 떨어지고 모든 공동체의 변동성이나 위험을 키운다. 경주최씨 부자처럼 모든 공동체는 정치 권력과 거리를 두어야 한다. 권불십년(權不十年)이다. 수시로 교체되는 정치 권력과는 불가근불가원(不可近不可遠)해야 한다. 시민단체나 봉사 단체도 정부나 지자체의 예산지원을 받지 않도록 노력해야 한다. 설립 취지에 공감하는 불특정 다수의 후원자로부터 적은 후원금을 지속적으로 모금할 수 있어야 한다. 그래야 안정적으로 오랫동안 봉사활동을 할 수 있다. 모든 조직과 공동체는 지속가능한 발전을 위해 매순간 경제적 성장은 물론 환경적 지속가능성과 사회적 지속가능성을 동시에 고려해야 좋은 열매를 맺게 될 것이다.

42. 소음 공해와 배려

우리나라는 국토는 좁고 인구는 많아 인구 밀도가 매우 높은 나라이다. 더구나 전국민의 대다수는 수도권과 광역 대도시에 모여 산다. 우리나라의 도시화율은 91%에 달한다. 이들 가운데 열에 일곱 여덟은 아파트 등 공동주택에 모여 산다. 그러다 보니 세계 어느 나라보다도 공동체 성원간에 여러 면에서 서로 배려하고 양보하며 살아가야 한다. 이와 같이 인구가 밀집된 공간 속에 살아 가려면 정부나 지자체가 나서서 해결하려 해도 한계가 있는 영역이 소음 공해 문제가 아닌가 싶다. 사람들이 밀집하여 살게 되어 어쩔 수 없이 소음 문제가 발생하는 것은 서로 어느 정도 감내해야 한다. 하지만 몇 가지 소음·공해 문제는 공동체

차원에서 함께 해결책을 고민해야 한다. 아파트 등 공동주택의 층간 소음, 교통 소음, 공사장의 발판 소음과 진동 소음 등이 그 예들이다.

이들 가운데 가장 민감하고 민원이 많이 제기되는 것이 층간 소음이다. 층간 소음은 건축 기술상의 문제로 야기되기도 하지만 주민들 간의 주거 공간 이용 상의 문제로 생기기도 한다. 특히 어린아이를 키우는 가정은 아랫층에 사는 분들로부터 아이들이 뛰지 못하게 해달라고 항의를 받는 사례가 적지 않다. 이로 인하여 이웃 간에 분쟁이 일어나는 경우도 많다. 특히 윗층의 작은 소리에도 민감해 하는 이웃이나 정신적인 고통을 겪는 사람들이 사는 경우에는 큰 싸움이 나기도 한다. 요즘에는 공동주택에서 애완동물을 키우는 주민들 간의 갈등도 늘어나고 있다. 한때 아파트 건축 규제를 완화하면서 천장 두께를 얇게 허용했던 적이 있었는데, 이 시기에 지어진 아파트들의 경우에는 층간 소음으로 인한 주민간의 갈등이 더욱 심각하다. 이런 아파트지역에서는 이웃 간에 다투다가 살인 사건까지 발생한 적도 있다.

교통 소음 문제도 여전히 심각하다. 많은 차량이 오고 가는 도심 도로의 차바퀴와 아스팔트 도로면의 마찰과정에서 나오는 소음은 물론, 브레이크 급제동 소리와 긴급 수송차량의 사이렌 소리도 도로변 주민들의 쾌적한 삶을 어렵게 하는 원인이다. 여의도 둘레길을 산책할 때 가장 지나가기 싫은 구간이 88올림픽 도로와 접해 있는 샛강 생태공원 구간이다. 자연 수풀이 우거진 산책로이지만 빠른 속도로 달리는 수많은 차 소리에 고통을 느낄 수 밖에 없기 때문이다 철도와 지하철 지상 구간의 인접지역에 사는 주민들의 소음 고통도 여전하다. 철도를 지하화한 마포와 용산지역의 주민들은 교통 소음에서 벗어나고 철로변의 지상 공원화로 지역 주민들의 삶의 질이 크게 향상되었다. 지금과 같은 경제적 위기 때에는 지상 철로의 지하화 건설을 추진하면 여러 가지 정책적 현안 해결에도 도움이 될 것 같다.

소음·공해 문제는 정부와 지자체에만 맡겨 해결하기에는 한계가 있다. 정부 차원에서 지속적인 법과 제도적 개선 노력과 함께, 건축 기술과 소음 방지 기술 등의 연구개발투자를 확대 지원할 필요가 있다. 그리고 각 공동체 구성원 모두가 서로를 배려하고 양보하는 문화를 만들어 가야 한다.

43. 빛 공해와 배려

서울이 세계적인 관광명소가 된 배경 중 하나가 밤 문화이다. 서울과 대도시의 도심은 24시간 안전하게 걸어 다닐 수 있다. 가로등이 밤새 켜 있다. 전기 절약에도 신경을 쓴다. 가로수 등이 에너지 절약형 LED 전등으로 바뀌었다. 사람이 지나갈 때만 전등이 밝아지는 센서 전등도 늘어 나고 있다. 태양광을 이용하는 표시등도 등장하고 있다. 관광객이나 야간 통행하는 시민을 배려하는 마음과 에너지 절약을 통한 환경보호에 노력하는 진심도 읽을 수 있다. 하지만 서울시의 경우 빛 공해와 관련한 민원은 매년 증가하고 있다. 빛 에너지를 많이 사용하는 만큼 빛 공해로 인한 시민 건강과 자연생태계에 나쁜 영향을 줄 수 있다. 우리나라는 2016년 기준으로 사우디아라비아 다음으로 세계에서 빛 공해가 심각한 나라이다. 빛 공해는 불필요하거나 필요 이상의 빛이 인체나 자연환경 등에 피해를 주는 현상이다. 빛 공해는 소득 수준이 높아 지면서 인식되는 감각 공해의 한 유형이다.

야간에 서울 도심에서 100미터 사방을 둘러 보면 교회 십자가 불빛이 10개 이상 보인다고 한다. 십자가 조명 불빛도 갈 수록 밝아 진다. 이 때문에 야간에 숙면을 위해서는 커튼을 쳐야만 한다는 이들이 많다. 동대문역사공원역부터 시청역까지 지하도를 걷다 보면 지하도 천장에서 강렬한 LED 불빛이 나온다. 자연빛이 아닌 인공적인 산란광이라서 눈에 불편하다. 여기에 더하여 지하상가의 현란한 불빛과 지하도 벽에 설치된 전자 광고판에서 쏟아지는 불빛까지 겹쳐 어느 구역을 지날 때는 마주오는 사람을 식별조차 할 수 없을 때가 있다. 우리사회에는 빛 공해에 대한 인식이 미약하다는 생각이 든다. 매년 12월이면 크리스마스를 전후하여 교회나 호텔 주변에는 살아 있는 나무 가지에 별 모양의 작은 전멸등이 장식되어 있다. 한 나무에 수백개의 전멸등을 매달게 되면 나무도 많은 스트레스를 받을 것 같다. 대형 유리 건물에서 반사되어 나오는 햇빛이나 대형 외벽 전광판의 강력한 불빛은 차량운전을 어렵게 할 때가 많다. 아침 출근시간 대에 올림픽도로를 운전하면서 여의도 방향으로 들어 설 때, 63빌딩 유리벽에 반대되어 나오는 햇빛 때문에 순간적으로 앞이 안보여 어려움을 겪었던 운전자들이 많을 것이다.

정부는 빛 공해를 저감하여 도시 쾌적성Amenity 제고를 위한 정책을 추진하고 있다. 국토 면적의 89.4%에서 발생하는 빛 공해를 해소하기 위해 빛 공해방지법의 법적 구속력을 강화하고 에너지 고효율 조명의 사용을 권장하는 방안을 강구하고 있다. 하지만 국가와 공공차원에서 빛 공해로부터 국민을 보호하고 피해를 구제하는 등의 배려정책을 강화하면 좋겠다. 빛 공해 방지대책은 정부의 힘만으로 해결되지 않는다. 국민을 대상으로 한 공해를 줄이거나 피하는 방법 등에 대한 교육과 함께 과학기술과 민간기업의 시장기능을 활용하는 대책을 강구 할 필요가 있다.

44. 배려하는 지도자

우리나라는 외형상 세계에서 10위권의 잘 사는 나라가 되었다. 하지만 보다 많은 국민이 행복하게 살 수 있는 나라를 만들기 위해서는 정치의 선진화가 시급하다. 『오만과 편견』의 작가 제인 오스틴은 "편견은 남을 용납하지 못하게 하고, 오만은 남으로부터 우리를 차단한다"는 명언을 남겼다. 정치권의 막말이나 격한 행동은 강한 리더십을 만드는 것이 아니라 강한 거부감을 만들 뿐이다.

우리나라를 보다 더 선진화된 산업 사회로 발전시키려면 지도층의 리더십의 변화가 필요해 보인다. 또한 강소국인 우리나라를 지속가능한 나라로 만들기 위해서도 지도자들이 경솔한 막말 정치를 끝내고 품격과 신뢰, 소통과 섬김의 리더십을 발휘해야 한다. 자유민주주의 체제하에서 진정한 리더십은 솔선수범, 책임과 섬김의 도덕적 권위에서 나오며, 혁신의 동력은 신뢰와 자기 비움에서 나온다.

지도층의 올바른 국민과의 소통은 경청과 상대 존중, 겸손과 포용의 자세에서 나온다. 정치 지도자들은 사심과 진영 논리를 버리고, 국민과 기업 현장의 목소리를 경청하고 이를 신속히 국정에 반영하며, 국민의 재산권 보호와 자유롭고 공정한 시장경제 질서 확립에 진력해야 한다. 또한 국가가 할 일과 민간이 할 일을 구분하고 국민의 세금을 '내 돈'처럼 아껴 쓰며 기초연구개발, 교육과 사회안전망 구축 등에 집중적으로 투자하여 산업 경쟁력을 높이고 미래 세대에게 부담이 되지 않도록 국가부채를 줄이는데 지혜를 모아야 한다.

에른스트 비그포르스 전 스웨덴 재무부 장관은 1932년부터 17년 동안 장관직을 수행하였다. 유럽에 혁명적 사회주의와 파시즘이 물결을 이루던 시절이었다. 지금의 스웨덴은 최상위권 선진국이지만 한 세기 전만 해도 그저 그런 유럽국 중 하나였다. 그가 장관이 되었을 때 실업률이 20%를 넘었다. 그는 1932년 총선을 앞두고 『나라 살림의 계획』이라는 글을 통해 "꼭 필요한데도 민간이 나서지 않는 분야에 정부가 재정을 투입하고 사회 보장을 확대하겠다."라는 선언을 하였다. 그는 자신의 정치적 기반인 좌파 정치인들의 요구와 달리 민간 기업에 칼을 들이대지 않았다. 자신이 소속한 사회민주당과 뿌리가 같은 노조와도 거리를 두었다. 출산 수당 등의 제도로 출산율 추락을 막았다. 당시로선 획기적 해법이었다. 무려 80년 전의 일이다. 그는 자기에게 배신자라고 손가락질하는 이들에게 "생산성과 효율성을 높이지 않고서는 사회민주주의 경제의 이상을 달성할 수 없다."라고 외쳤다. 스웨덴은 성장과 복지, 두 바퀴로 달렸다.

지금 모든 조직에는 비그포르스처럼 창의적이고 용감한 지도자가 필요하다. 잔머리를 굴리거나 꼼수를 써서 임기응변식으로 문제를 해결하면 당장 눈앞의 일은 해결할 수도 있을 것이다. 때로는 이러한 일을 잘하는 사람들이 조직에서 승진도 잘하고 잘 나가는 것처럼 보이기도 할 것이다. 그러나 길게 놓고 보면,

이러한 임기응변식 업무 처리나 사업 수행을 하는 사람들은 큰 낭패를 당하고 조직도 망치는 인사들이 태반이다. 지도자는 인사가 만사다. 국가와 기업의 지속가능한 발전을 이끌 인재들을 진영 논리를 넘어 활용해야 할 것이다. 보여 주기식 이벤트성 사업을 즐기는 자들은 진정한 지도자가 아니다. 국민들은 이들에게 더 이상 속아서는 안된다. 이벤트성 사업은 정치인이나 지도자 자신들만을 위한 인기영합적이고 자원 낭비적인 사업이지 국민과 미래 세대를 위한 사업이 아닌 경우가 대부분이다. 우리에게는 자신을 내세우지 않고 먼 미래를 내다보며 비전을 제시하는 진정한 지도자가 필요하다.

45. 고독사 예방 운동

경제 사회적 환경이 바뀌면서 가난의 형태도 바뀌고 있다. 최근 가난의 한 형태로 고독사 위험군이 증가하고 있다. 이는 소외되고 외롭게 살아가는 이웃들이 늘어나고 있음을 의미한다. 복지부 표본조사 결과에 따르면 고독사 위험군이 전국에 152만 5천명에 달한다. 이는 전체 인구의 3%이며 1인 가구의 21.3%에 해당한다. 과거와 달리 고령층 보다는 중장년층이 더 크게 증가하고 있는 것으로 나타났다.

2022년 5월 고독사 예방운동관련 세미나를 개최한 적이 있다. 3년반 동안 실시해 온 고독사예방운동시범 사업을 평가하고 이를 토대로 우리나라 고독사의 현실과 고독사예방운동의 중요성을 널리 알리기 위해서였다.

고독사 예방 및 관리에 관한 법률에 의하면 고독사란 가족, 친척 등 주변사람들과 단절된 채 홀로 사는 사람이 자살, 병사 등으로 임종을 맞고 일정한 시간이 흐른 뒤에 발견되는 죽음을 말한다. 과거 고독사로 백골이 된 시신이 발견되면서 사회적 문제로 부각되기 시작하였다. 과거에는 독거노인층의 고독사가 많았던 반면에 요즘은 고소득층은 물론 청년층에서도 고독사가 나타나고 있다.

코로나감염병 사태이후 소외되고 고통받는 이웃은 늘어만 가고있다. 우리 공동체는 3년가까이 사회적 거리두기로 고통받는 이웃과 함께 할 수 없었다. 여기에 더하여 봉사 단체들은 회합과 모금활동이 중단되었다. 다행히 고독사예방운동사업은 바보나눔재단의 재정적 지원을 받아 실시할 수 있었다. 시범사업의 경험을 토대로 바보나눔재단의 도움없이 봉사 단체 자체 사업으로 추진하기 시작하였다. 시범사업을 통해 봉사자와 대상자들은 소중한 경험을 하였다. 고독사에 노출된 이웃들은 자신들을 찾아 와 인사를 나누고

친절하게 대화를 나눌 사람이 없었다. 봉사자들이 한 달에 한두번식 찾아가 가족처럼 대해주니 고마워 하고 매번 방문하는 날이 기다려 진다고 한다. 봉사자들도 이들과의 만남 속에서 참 행복을 느낀다고 한다.

우리 사회에는 고독사 위험에 노출된 이웃들이 늘어나고 있으며, 이들이 누구인지는 지역과 이웃의 사정을 누구보다 잘 알 수 있는 우리들 자신이다.

그동안 고독사 예방운동에 참여해 온 분들의 숭고한 이웃 사랑실천이 가능했던 요인이 무엇인지 돌아보고 이를 우리사회에 확산시킬 수 있는 방안에 대해 고민해 보면 좋겠다. 또한 1인 가정의 증가와 함께 이혼과 실직 등으로 고독사에 노출되는 청장년 계층이 늘고 있음을 감안하여 고독사에 노출되는 이웃을 돕기 위한 사회적 인프라와 환경이 개선되기를 기대한다. 국가차원에서 경쟁에서 낙오된 사람들에게 재기할 수 있는 환경을 조성해 주어야 한다. 우리는 늘 깨어 있어야 한다. 고독사와 같은 새로운 형태의 가난에 대해서도 모든 공동체가 관심을 갖고 가장 소외되고 버림받은 이웃을 위해 자주 찾아 대화하고 도와주는 운동을 전개하면 좋겠다. 고독사 위험층은 우리 이웃에 있다. 이웃에 조금만 더 관심을 갖고 돌아 보면 누구나 고독사 예방에 동참할 수 있다. 우리의 관심이 우리 사회에서 고독사를 줄여 나가는 길이다

46. 프레임 공격

요즈음 우리사회에 프레임 공격이라는 말이 자주 쓰인다. 어떠한 불순한 의도를 갖고 프레임을 씌어 공격한다는 말이다. 사실이 아닌 내용이나 이미지 등을 자신들이 설정한 틀에 씌워 상대를 공격하는 행위라 말할 수 있다. 우리사회는 프레임 공격에 대해 관대한 사회라는 생각이 든다. 아마도 프레임 공격으로 상처를 받거나 피해를 받는 사람은 소수이고 비교적 잃을 것이 많은 지도층 인사들이 많기 때문인 것 같다. 또 다른 이유는 우리의 역사와 문화와도 연관이 있어 보인다. 중국이나 일본 등 세계 열강의 영향을 많이 받다 보니 권세가들이 열강을 이용해 자신들의 집안이나 세력이 더 많은 권세를 누리고 싶어 잠재적 경쟁자들에게 프레임을 씌워 공격하는 일을 별 죄의식 없이 행해 왔고 우리 후손들이 역사를 통해 이를 보아 왔기 때문이라는 생각이 든다.

오늘날 프레임 공격은 권위주의 국가나 사회주의 국가에서 반대세력을 제거하기 위한 수단으로 정치권에서 많이 사용되고 있는 것 같다. 우리사회에서는 그동안 정치 등 일부 영역에서만 사용되었던 프레임 공격이 어느새 사회 저변으로 확산되고 있는 것 같아 안타깝다.

프레임 공격을 당해 보지 않은 사람들은 그 공격이 얼마나 어처구니없고 황당한지 이해하기 힘들다. 프레임을 씌워 공격하는 내용이 사실이 아님에도 불구하고 불순한 의도를 갖고 순식간에 행해지는 공격이기 때문에 개인이 신속히 대처하기란 사실상 불가능에 가깝다. 그래서 순수한 사람이나 조직력이 약한 이들은 속수무책으로 당할 수 밖에 없는 경우가 태반일 것 같다. 이러한 이유로 선거막판에 프레임 공격이 많이 활용되고 있는 것이다. 우리사회처럼 결과만을 중시하고 무조건 이기고 보자는 식의 풍토에서는 선거 과정에서 프레임 공격을 하고 싶은 유혹에 빠지기 쉽다.

50대 후반에 봉사 단체 회원들의 계속적인 권유로 세계적인 봉사 단체의 지역 회장선거에 출마한 적이 있었다. 오랜기간 봉사 활동으로 유력 후보로 여겨 졌지만 가짜뉴스와 프레임 공격으로 선거에서 고배를 들고 말았다. 차기 회장은 '어느 지역 출신이 되어야 봉사 단체가 발전한다' '감독기관 수장과 친한 후보가 당선되면 단체를 독선적으로 운영할 것이다'라는 식으로 프레임을 씌워 비난한다. 사실이 아니지만 해명할 길이 없다. 시간도 없고 해명할 필요성도 못느낀다. 봉사직 회장 선출인데도 사실이 아닌 것으로 프레임을 씌워 공격하는 것을 보며 선거에서 이기기만 하면 된다는 인식이 얼마나 위험하고 상대에게 무례를 저지르는 것인지 새삼 깨닫게 되었다. 그나마 명예에 집착을 하지 않는 성격이라서 오래 지나지 않아 잊기는 하였지만 이같은 프레임 공격은 선거가 있는 곳에서는 언제든지 일어날 수 있는 일이라는 것에 화가 난다.

우리 사회가 보다 품격있는 선진화되고 품격있는 공동체로 발전하기 위해서는 프레임 공격이나 가짜뉴스가 통하지 않는 사회로 만들어 가야 한다. 크고 작은 선거나 경쟁 과정 등에서 결과 만큼이나 과정과 절차도 중요함을 모든 공동체 구성원에게 일깨워 주어야 한다. 공정한 경쟁을 서로가 격려하고 프레임 공격에 가담하는 자들이 부끄러워서 공동체의 지도자로서 활동할 수 없도록 만들어 가야 한다. 프레임 공격은 무능하고 교활한 자들의 부끄러운 행위임을 일깨워 주어야 한다. 도둑질 보다 더 나쁘고 비열한 짓임을 일깨워 주어야 한다. 프레임 공격을 하고 싶은 유혹을 받더라도 이를 물리치고 당당하게 경쟁하는 것이 공동체와 상대방을 배려하는 것임을 지도자들이 자각해야 한다. 자신보다 나은 사람이 지도자가 될 수 있다면 그런 사람을 지도자로 뽑고 자신은 더 열심히 노력해서 다음 기회를 준비하는 것이 진정으로 공동체를 배려하는 지성인이라고 생각한다. 길게 보면 프레임 공격을 하는 자들은 자멸하고 프레임 공격으로 상처받은 이들은 트라우마를 이겨 내는 순간에 더 많은 열매를 맺는다. 세상에는 공짜 점심이 없다.

47. 약속시간과 약속장소

공동체에서 약속 시간과 약속 장소를 정하여 알려 주는것을 보면 그 공동체의 의사결정자나 구성원과 실무진의 사람에 대한 존중과 배려심 정도를 알 수 있다. 많은 구성원이 함께 할 수 있는 시간과 장소를 고려하여 정하는 공동체가 있는가 하면 그렇지 못한 공동체가 있다. 공통체 구성원이 가장 많이 참가할 수는 때와 장소로 약속을 하는 것이 자연스러운 일이지만, 실제 공동체에서 정해지는 시간과 장소는 몇몇 웃사람의 일정이나, 행정 요원들의 근무시간이나 일정에 맞추어 결정하는 경우가 많다. 모임 장소도 전체 구성원이 함께 하기 좋은 장소보다는, 늘 의례적으로 모이던 곳이나 행정 편의적으로 정하는 경우가 대부분이다. 약속 시간이나 장소를 변경하는 경우에도 전체 의견을 수렴하여 결정하지 않는 경우도 많다.

약속 시간을 지키지 않는 구성원도 많다. 모임 시간에 늦는 사람은 늘 늦는다. 모임에 늦는 사유도 뻔한 사유들로 변명한다. 교통체증이 심해서, 일이 바빠서 급한 일이 생겨서 등등으로 변명한다. 약속 시간에 늦을 것 같으면 미리 양해를 구하고 약속 시간을 어겼을 때에는 솔직히 설명하고 사과를 하는 것이 지혜로운 것이다.

일본의 사업가들은 자녀들에게 약속 시간보다 20분 먼저 약속 장소에 가서 이미 온 참석자들과 인사를 나누고 모임준비 실무진과도 인사를 나누라고 가정교육시킨다고 국내 대기업 그룹회장은 말한다. 그는 일본에서 유학을 하고 수십년을 일본 기업인들과 교류를 해 왔다. 사실 남들보다 미리 모임 장소에 나타나 모임 준비팀을 격려하고 회의 안건이나 참석자 등을 파악하게 되면 모임의 성격이나 목적을 이해하는데도 도움이 된다. 그리고 자신의 이미지와 기업의 평판도 좋아진다. 약속 시간에 앞서 참석하는 이들은 남을 배려하는 사람이라는 좋은 인상도 주게 된다. 그리고 교통 체증 등으로 도착 시간이 다소 지체되더라도 약속 시간에는 늦지 않게 된다. 요즘 서울 도심에서는 약속 시간에 늦지 않기 위해서 지하철을 이용하는 기업 회장들이 늘어 나고 있다. 모임에 늦게 나타나는 사람들이하는 상투적인 변명을 하지 않아도 된다.

강연의 연사로 참가하는 사람들의 경우도 강연 시간 보다 일찍 참석해 미리 온 참가자들과 소통하는 것이 좋다. 청중에게 무엇을 말해야 할지를 분명히 알게 되고 청중과의 소통도 보다 더 잘 할 수 있게 된다. 모임 준비팀도 연사나 주요회의 참석 대상자들에 대해서도 여러 차례 약속 시간과 장소를 확인해 주어야 한다. 특히 연사에게는 강연 몇 일전과 당일 몇 시간 전에 시간과 장소 그리고 강연 주제를 확인해 드리는 습관을 만들어 두는 것이 좋다. 가까운 사이의 모임일수록 약속시간과 장소에 대해 더 세심한 배려를 해야한다. 약속시간과 장소에 대한 불평과 불만은 동창 모임이나 집안 모임에서 더 많이 생긴다. 당연히 알 줄 알고 변경된 내용을 특정인에게만 알려주고 모두에게 알려 준 것으로 착각하여 생기는 오해가 많다. 가까운 사이 일수록 더 세심하게 챙겨야 탈이 나지 않는다.

부모들은 결혼한 자녀들의 집을 방문하고 싶을 때 사전에 연락하여 약속 시간을 정한 후에 방문하는 것을 습관화 하면 좋을 것이다. 불쑥 찾아오는 부모님들 때문에 스트레스를 받는 자녀들이 많다고 한다.

약속 시간과 약속 정소를 정할 때 세심한 배려를 잘 하고 남들보다 일찍 약속장소에 나가서 먼저 오신분들과 인사하는 것만으로도 개인이나 공동체의 품격을 한층 높여 줄 수 있다는 사실을 기억하면 좋겠다. 회의나 모임에서 드레스코드를 요구하는 경우 이를 지키는 것은 당연하다. 드레스 코드가 없더라도 그 자리에 맞는 복장을 하는것은 예의이고 배려이다. 혼인잔치에 초대받은 사람이 마음의 준비와 함께 혼인예복을 갖추어 입는다면 초대한 집주인도 기쁘고 잘 차려입은 본인 자신도 대접받게 된다.

48. 악마의 변호사(Devil's Advocate)

서구사회는 가톨릭교회의 영향으로 악마의 변호사(Devil's Advocate)제도가 잘 알려져 있고 일부 공동체에서는 잘 활용되고 있다. 악마의 변호사는 부정적인 어감과 달리 올바른 지도자를 선발하거나 공동체가 올바른 의사결정을 하게 하는데 중요한 역할을 한다.

원래 악마의 변호사 또는 악마의 대변인은 다수의 의견에 의도적으로 반대하는 입장을 취하는 역할을 한다. 가톨릭교회에서는 시복 시성을 청원하는 이들과 의도적으로 반대 의견을 제시하는 역할을 악마의 변호사에게 부여한다. 전문가들의 논리적인 토론장에서는 대다수의 의견과 다른 의견을 제기함으로써 토론을 활성화시키는 역할도 한다. 공동체에서 만장

일치는 올바른 의사결정이 아닐 가능성이 크다. 이때 악마의 변호사 역할을 하도록 하여 집단적 의사결정의 오류를 줄여 줄 수 있다.

이와 같이 좋은 제도임에도 불구하고 악마의 변호사 제도가 우리 사회에서는 아직 널리 활용되지 않고 있다. 이는 권위주의적이고 빨리빨리 문화에 익숙한 탓도 있을 것이다. 과정보다는 결과와 효율을 중시하는 문화 탓도 있을 것이다. 왜 절차를 복잡하게 만들어 일을 어렵게 만드냐는 생각이 지배적인 사회이다. 악마의 변호사의 좋은 취지를 잘 알기에 스스로 악마의 변호사 역할을 해 오고 있지만 오해를 사거나 불이익을 받기도 한다. 심지어 직장과 명예를 잃기도 한다.

지도층의 자질에도 문제가 있어 보인다. 한 공직자가 들려 주는 질문형식의 농담속에 우리사회에서 올바른 의사결정이 어렵겠다는 생각을 해 본 적이 있다. 아무리 강하고 지위가 높은 사람이라도 이기지 못하는 것들이 있단다. 세월 앞에 장사없고 매 앞에 장사가 없다. 그리고 아부 앞에도 장사가 없다는 것이다.

지도자는 아부를 경계하고 악마의 변호사 역할을 하는 분들의 충언을 경청해야 하는데 그럴 여유와 기회가 없는 것 같다. 우리사회는 바르고 정직한 사람보다는 아부하고 잔머리 굴리는 사람들이 성공해 온 사회에 속한다. 우리 사회 공동체가 더욱 발전하려면 민주적인 절차와 과정을 중시하고 다수결의 오류를 최소화 할 수 있도록 소수의 의견을 존중하며 악마의 변호사와 같은 제도를 널리 활용할 필요가 있다. 악마의 변호사 역할을 하는 이들을 배려하고 존중해 주는 공동체가 되어야 한다.

49. 상대 평가와 절대 평가

우리 사회는 대학 수학 능력 시험의 평가 방법과 관련하여 논란이 많은 편이다. 상대평가를 해야 하느냐 절대평가를 해야 하느냐에 대한 논쟁에서부터 국어와 수학은 절대평가가 아닌 상대평가를 해야 한다는 등의 논쟁도 있어 왔다.

자원이 한정된 인간세계에서 평화롭게 효율적으로 자원을 배분하기 위해서는 측정과 평가는 피할 수 없는 일이다. 특히 공급보다 수요가 많거나 경쟁이 치열한 영역에서는 변별력을 높이거나 공정성을 확보하기 위해 엄격한 상대평가를 선호하게 된다. 평가에는 정답이 없다. 평가 기준과 잣대, 평가요소, 가중치, 평가시기, 평가자의 자격, 평가 횟수와 평가 방법 등에 대해 끊임없는 논쟁이 이어져 오고 있다. 평가자나 피평가자 입장에서는 상대평가 보다는 절대평가를 선호하게 된다. 서로 얼굴을 붉히고 긴장을 덜 해도 되기 때문이다. 하지만 수용 능력 한계로 합격시켜야 하는 인원이 제한되어 있는 경우에는 상대평가를 통해 원하는 인원 만큼 뽑는 것이 용이하게 된다. 기업이나 학교 등 모든 조직에서는 사업을 추진하는 과정에서 계획을 세우고 실행하며 실행결과를 평가한다. 이러한 평가를 통해 성과를 배분하고 보상도 한다. 나아가 평가결과를 반영하여 다음 연도의 사업계획을 수립하는데 반영한다. 소위 Plan- Do-See-Feed back과정을 거쳐 사업을 발전시켜 나가는 것이다.

평가에 대한 거부감은 없애되 공정하고 변별력있는 평가가 이루어 지고 이에 합당한 보상이 이루어 지도록 지혜를 모으는 것이 중요하다. 상위 평가를 받고도 승진에서 누락되거나 입사시험에서 탈락하는 사례들이 종종 나타난다. 이를 바로 잡기위해 항의나 소송 등을 하기도 한다. 집단적으로 시위를 하기도 한다. 이 세상에시 완벽한 평가를 기대할 수는 없다. 그래서 평가에 따르는 불평과 원성을 줄여 보려고 다양한 노력들을 기울이고 있다. 다면평가, 쌍방향 평가와 집단 평가 그리고 다단계 평가 등 다각도로 시도하고 있지만 잡음은 끊임없이 나타난다. 피평가자의 오만함도 한 몫을 하고 있다는 생각이 든다. 감히 나를 누가 평가해 등의 사고가 각자의 마음속에 자리하고 있는 것 같다. 특히 남들과 비교당하는 것을 견디기 힘들어 하는 경향이 있다. 개인적으로 평가로 인해 한때 많은 불이익을 받고 살아 온 편이지만 길게 보면 평가는 제대로 이루어 지게 된다고 생각한다. 또한 피평가자이면서 평가자로서 오랫동안 평가를 직접 해 보니 피평가자보다 평가자가 더 힘들다는 생각이 들 때가 많다. 그래서 평가자 입장에서도 절대평가를 더 선호하게 되는 것 같다.

측정과 평가는 공동체 모두를 배려하는 수단인 것이다. 평가가 없는 세상은 모두를 불행하고 가난하게 만든다. 하느님도 최후의 심판을 한다. 심판은 평가를 전제로 이루어 지는 것이다. 인간이 만든 평가 기재중 가장 인간의 본성에 맞게 자연발생적으로 만들어 진 것이 시장의 가격결정 원리라고 생각한다. 인간 세계에서 거의 대부분의 평가와 보상이 시장의 가격에 의해 이루어 지고 있기 때문이다. 평가제도의 보완에 있어 평가자의 관대화 경향과 편향성 문제 등이 심각한 영역에서는 공정한 평가가 잘 이루어 지고 있는지 살펴보는 노력이 필요하다. 또한 정해진 평가기준이 잘 지켜지고 있는지 확인하고 이를 지속적으로 모니터링하는 방안도 강구되어야 한다. 그리고 평가제도의 한계는 시장기능을 통해 보완하는 노력이 병행되면 좋을 것이다.

50. 노블리스 오블리주

'노블리스 오블리주(Noblesses oblige)'는 1808년 프랑스 정치인 가스통 피에르 마르크가 처음 사용한 말로 높은 사회적 신분에 걸맞는 도덕적 의무를 뜻한다. 우리 격언에 "양반은 양반답게 처신해야 한다"는 말과 잘 어울린다.

노블리스 오블리주하면 프랑스의 칼레의 시민을 연상하게 된다. 우리나라에서는 '경주최씨 가문'이 노블리스 오블리주의 대명사처럼 인용되곤 한다.

'경주 최부자'는 10대 300년간(1650~1950) 만석꾼의 부를 이어온 우리나라의 대표적인 노블리스 오블리주를 실천한 가문이다. 최씨 부자 가훈은 노블리스 오블리주의 교과서 같다. 과거를 보되 진사 이상 하

지 말라. 재산은 만석 이상 지니지 말라. 과객을 후하게 대접하라. 흉년에 땅을 사지 말라. 며느리들은 시집온 후 3년 동안은 무명옷을 입어라 그리고 사방 백리에 굶어죽는 사람이 없게 하라. 이런 가훈을 실천하여 지역민들로부터 존경을 받으며 부를 오래 유지하였다. 그리고 일제 강점기를 거치면서 우리나라가 식민지로 전락한 데는 교육의 부족도 문제가 되었음을 알고, 해방 직후 사립대학교 설립을 계획하여 영남대학교의 전신인 대구대학과 영남이공대학의 전신인 계림대학을 설립하는 데 전 재산을 희사하고 300년의 부를 마감하며 사회적 책임을 다하였다.이는 경주최씨부자를 연구

한 전진문 교수로부터 전해들은 이야기이다.

일제시대 전 재산을 팔아 국보급 문화재의 해외 유출을 막았던 간송 전형필 선생과 유한양행을 국민기업으로 키워 온 유일한 회장 등도 노블리스 오블리주를 실천한 분들로 회자된다. 훗날 역사가들은 국가 발전과 사회공헌에 큰 기여를 한 삼성그룹 이건희 회장과 대우그룹 김우중 회장 같은 기업인들도 노블리스 오블리주를 실천한 대표적 기업인들로 기억할 것으로 생각한다. 우리나라를 세계적 반도체 강국으로 만들고 현재의 인천 국제공항 건설을 김영삼 정부에 제안하였으며 세계 초일류 서울시 발전 청사진을 제시한 이건희 회장과 1997년 11월 IMF금융외환위기 극복을 위해 국민적 금 모으기기 운동과 수출 500억불 달성을 제안하고 선도했던 김우중 회장은 인재 양성과 장학사업 등 사회공헌 활동면에서도 지대한 노력을 하였다.

하지만 우리사회는 몇몇 종교계 지도자와 기업인을 제외하면 노블리스 오블리주를 실천한 분들이 드물다. 특히 정치인들 가운데 노블리스 오블리주를 실천한 분들은 거의 찾아 볼 수 없다. 지식인들도 마찬가지이다. 이유가 무엇일까? 우선 지도자들이 국가와 국민을 섬길 줄 모른다. 삶의 현장을 모른다. 탁상공론만 한다. 이를 두고 NATO 공화국이라고 한다. No Action Talk Only. 즉 말만 번지르게 하고 행동이 없다는 것이다. 한 기업인은 한국의 정치는 3류이고 기업은 2류라고 했다가 김영삼 정부 시절에 호된 시련을 겪은 적이 있다. 사농공상의 유교문화와 권력중심의 연고주의와 이권 카르텔이 견고하다.

진영논리의 틀에 갇혀 사실에 입각한 의사결정을 하지 못한다. 국가와 국민을 위해 가야 하는 길과 진영이 추구하는 길이 다르다. 올바른 정치인이 살아 남기 힘든 구조이다.

지도자는 자신의 지위와 권한에 걸맞는 책임을 스스로 정하고 실천해야 한다. 권한만 누리고 책임을 질 줄 모르는 지도자는 이제 설 자리가 없다. 국가와 국민을 위해 헌신하고 봉사하는 것이 노블리스 오블리주이고 국민에 대한 배려이다.

서양 노블리스 오블리주의 상징인 프랑스 북부의 항구도시 칼레의 시민 대표들은 노블리스 오블리주의 실천이 국가적 지도자에게만 해당되는 것이 아님을 시사한다. 14세기 백년전쟁때 잉글랜드 군대에게 포위당한 칼레 시민들은 6명의 시민 대표가 목숨을 내놓는 용기와 희생정신에 의해 목숨을 구했다. 오늘날 인류는 전쟁과 환경 문제 등으로 생명과 평화를 위협받고 있다. 이같은 처지에 놓인 우리 인류는 누구나 노블리스 오블리주 정신으로 살아 가야 할 때가 아닌지 생각하게 된다.

51. 전임자와 후임자 간 상호 배려

거의 모든 조직이나 단체는 일정기간 마다 조직의 리더들을 교체한다. 그래서 전임자와 후임자의 관계가 형성된다. 이때 상호간에 어떻게 하는 것이 서로를 배려하는 것이고 좋은 관계로 오래 남는 것인지 잘 모른다. 정답도 없는 것 같다

우리나라 역대 대통령을 돌아보면 초대 대통령이신 이승만대통령을 치하하고 그분의 업적을 기리는 후임 대통령은 거의 없었던 것으로 기억된다. 세계적 석학들은 한미동맹체제를 구축하여 대한민국을 자유민주주의 국가로 발전시키고 세계가 주목할 만한 농지개혁을 통해 빈부격차를 획기적으로 개선한 그분의 치적에 대해 높이 평가한다. 산업화와 한강의 기적을 이

룩한 박정희대통령에 대해서도 높이 평가한다. IMF 금융 외환위기를 극복한 김대중대통령의 치적도 평가할 만하다. 그 밖에 후임 대통령들도 나름의 훌륭한 치적이 있었다. 이같이 전임 대통령들은 역사에 기록할 만한 치적이 있는데도 후임자들의 전임자를 기리고 배려하는 모습은 거의 볼 수가 없었다. 이러한 현상은 거의 모든 조직에서도 나타나고 있는 현상이다. 물론 전임자들의 과오도 있었다. 전임자들이 잘못한 정책이나 사업은 후임자들이 바로 잡아 더 나아지도록 노력하면 될 일이다. 진영논리와 인기영합주의에 빠져 전임자의 치적을 비판하거나 폄훼하는 것은 지도자로서의 덕목도 배려심도 부족한 것이다. 나라와 사회 발전을 위해 모든 공동체에서 전임자는 후임자를 배려하고 후임자는 전임자를 존중하고 상호 배려한다면, 우리사회는 한층 더 나은 공동체로 발전하게 될 것이다.

더 나은 공동체를 위한 **배려**

초판 발행 | 2023년 11월 20일
지은이 | 이 병 욱
그린이 | 안 성 옥
발행인 | 윤 진 영
발행처 | 도서출판 대학서림
주　소 | 03076 서울시 종로구 혜화로 2길 8
전　화 | (02) 763-1220, 744-2811
등　록 | 1965. 1. 20
번　호 | 1-88
ISBN | 978-89-6940-320-9 03810